宗教
文庫

淨土或問

‧導讀

陳劍鍠 著

東大圖書公司

沈　序

　　在佛教的許多修行法門中，淨土行者應屬最重視信仰的，如相信念佛能往生淨土，就能修持淨土法門。這是極為簡單的條件，所以說淨土法門是「易行道」。但從歷代淨土的祖師大德們勸信淨土的努力中發現，要人們相信不是一件簡單的事！而在《淨土或問》中對一些高難度的疑問有完整的解答。尤其對知識分子或其他法門的行者，《淨土或問》是一本非常需要研讀的淨土論述。欣聞吾友劍鍠居士為此一淨土精論撰寫導讀本，真是感恩，也是末世芸芸眾生的福報。

　　我想所有的佛教徒都會承認自己在學佛，因為佛教徒不學佛陀，就不能稱為佛教徒，這是很明顯的道理。但為什麼要學佛陀呢？佛教徒的理由應該是有別於其他宗教信徒的，佛教徒學佛是因為知道佛陀說的法是正確的，所以相信佛陀，而願意學習佛陀。這與先相信一個人，然後信他說的每一句話，是有些許差別的。佛陀教導所有追隨者，對他所說的法，都必須經過徹底的「聞、思、修」三個學習過程，才能建立起理性的認知，佛陀說這是「不壞信」。簡單的說，就是當徹底證悟真切的道理時，是不須費力說服自己相信的。例如當一個人看過太空望遠鏡所拍攝的地球影像後，他一點也不用

費力（自我催眠、瞎編故事……）說服自己相信地球是圓的，因為真相何須費力去相信呢？

淨土的「真實性」，從古到今有各式各樣的說法，在心與境上諸多解釋。擁有世間知識越多的人，就需要越複雜的解釋，有人說這是所知障！但佛法的精髓就在緣起法義上，所知障是緣起的，佛法也是緣起的。如果能從緣起法義上觀察淨土，那淨土的「真實性」就不難理解。我經常用「真實程度」來形容淨土，而不用「真實性」。從緣起的角度來觀察一切法，是沒有「真實性」的，剎那生住異滅變化中，哪個當下是「真」的呢？這是禪修行者終其一生想要參破的「知障」，當發現「緣起」即「性空」時，體悟如果時空是恆常不變的，則無時空感應，所以時空因無常才能呈現，而因時空的變化才感覺存在，故無常即存在，存在即無常，兩者並非相對，如此遠離戲論，於一切法（心行）中寂靜涅槃。

如果有人問我彌陀淨土是真的嗎？我總是反問他「你活著的這個世間是真的嗎？」不管他如何回答，我都會告訴他，淨土的真實程度與此一世間的真實程度完全一樣！這是非常簡單的道理，大家都知道這裡兩千萬年前是個蠻荒之地，今天變成這樣，不是剎那間忽然形成，是所有人累世用貪瞋癡的身口意所織造而來，好壞善惡苦樂，打成一片的人間世。人的貪瞋癡三業，不用多久就可以造出這般穢土，而久遠劫以來的佛菩薩們，他們的覺正淨三業，有什麼理由造不了淨土呢？佛陀覺正淨的身口意三業，當然可以造殊勝的淨土，

這與不同習性的人佈置出不同的家,是完全一樣的道理。除非不相信有佛,否則怎能撥無佛陀純淨的三業呢?不信有佛還能自稱是佛教徒嗎?不信淨土,即不信佛陀三業,即不信佛陀言行,怎麼還能稱自己在學佛呢?佛教徒以何種法門學佛,適合自己習性即可,但否定或鄙視淨土,則無論在知見上或邏輯上,都犯了嚴重的矛盾!拼命學習連自己都否定的言行者,就算不發瘋,也仍終日顛倒夢想,無一是處,不可不慎。

　　祖師大德們近千年來的苦口婆心,劍鍠居士的《淨土或問•導讀》本,透過廿六問,跨越時空的,將它們整合在一起。可貴的是,劍鍠居士在淨土的修行,可說理事兼蓄,功夫頗深。我自己拜讀二月有餘,驚歎連連,讓自己長年以來,對淨土經論的隻字片牘,有了一個完整的事理體系,相信有緣人一讀即知究竟。

　　　　　　　　三寶弟子　沈肇基
　　　　　　　　　　寫于臺中大里家中
　　　　　　　　　　西元 2003 年 12 月 28 日

自　序

　　天如惟則禪師 (？–1354) 之《淨土或問》藉由永明延壽大師 (904–975)〈四料簡〉提出問難，指出此偈「深有功於宗教」，並依序闡述許多修持理論及方法。吾人皆知，自延壽大師召集天台、華嚴、唯識諸宗學人，編成《宗鏡錄》一百卷，以調和禪、教間各宗派義理後，又撰《萬善同歸集》弘傳禪淨雙修之旨，影響所及，無遠弗屆。自宋以降，禪淨雙修之修持型態幾乎遍及教界，尤對禪宗一脈產生重大影響，使其將日常修持重心轉移到念佛。雖然〈四料簡〉是否出自延壽大師頗具爭議，但此偈無疑影響禪宗學人之修持心態，而且禪宗巨匠兼修淨土者，不乏其人，此現象於《淨土或問》裡以極長篇幅討論。

　　如上所言，《淨土或問》以永明延壽〈四料簡〉「深有功於宗教」之說，導出一連串之議論，蕅益大師對此指出：「永明諸老，料揀禪淨，如道自家屋裡事，由其徹悟自宗故耳。末世禪道大壞，食唾者多。於是淨土一宗，異見苗長，由唐至宋，荊棘叢生。天如為中峰最勝子，故能繼永明諸老，力扶淨土之衰。今觀《或問》一書，較諸天台、紫閣，其間邪幟遍樹，見網交羅。作者推陷廓清，其劬勞亦未免倍甚。蓋

禪淨俱衰使然，讀者亦可以觀時變矣。然諸老匡扶淨土，實
救本宗。《或問》開章，謂『永明深有功於宗教』此等語，偷
心未盡者，未肯遽以為然。」❶《淨土或問》對當時禪淨隆替，
或互為依傍之關係，作出剖析，提出建言。該書除直接提供
宗教內緣之研究要項，亦間接提供宗教外緣之研究要項，換
言之，「禪淨俱衰……觀時變矣」、「匡扶淨土，實救本宗」及
「永明深有功於宗教」等語，意涵著禪、淨二宗「宗派興衰
的實際性」、「自我修持的實踐性」及「內涵論證的理論性」，
體現出淨土法門之「宗教意識」，並開拓我們考察此時代佛教
現況之意義。

　　《淨土或問》收錄於《大正新脩大藏經》第 47 冊，及《續
藏經》第 108 冊。另外，蕅益智旭大師 (1599–1655) 亦將此書
選錄於《淨土十要》。民國印光大師 (1861–1940) 特為《淨土
十要》校改審訂，對這些淨土教學論著，推崇備至，曾說：
「《淨土十要》……為淨土法門之最切要者，當息心讀誦，則
法門之所以，修持之法則，舉凡自利利他，自行化他之道，
均可悉知矣。」❷ 又說：「《淨土十要》也，字字皆末法之津梁，
言言為蓮宗之寶鑑。痛哭流涕，剖心瀝血，稱性發揮，隨機
指示。雖拯溺救焚，不能喻其痛切也。」❸ 大師還訓勉想深入

---

❶　釋蕅益選定、釋印光編訂：《淨土十要》(高雄：淨宗學會，1995 年)，
　　《淨土或問 · 序》，頁 195。

❷　釋印光著、釋廣定編：《印光大師全集》(臺北：佛教書局，1991 年)，
　　第三冊（上），〈致壽縣張增純律師書〉，頁 199。

研究淨土法門者，當先研習《淨土十要》，因為「此書乃蕅益大師於淨土諸書中，採其菁華，妙契時機」之最佳選本。 ❹

　　我早年研習印光大師遺教時，讀得上述勸誡，遂於心中萌起探索《淨土十要》之善法欲，因而著手譯註、評論，以為深入《淨土十要》之第一步。自私淑印光大師以來，余也愚魯，高山仰止，以蠡測海，所能遵循者僅此而已。如今《淨土或問・導讀》順利完成，除感懷大師冥被之恩澤外，亦感恩家母張秀霞女士、岳父杜維運教授、岳母孫雅明女士、姊夫梁棟樑先生、家姊陳劍鐶女士、內人杜宗蘭女士及小兒岱威，在我學佛路上的支持、關愛、陪伴與諒解，如此善因緣彌足珍貴，願能緣續於極樂國。此外，國立虎尾技術學院沈肇基教授應允賜序，啟發良多，在此深致謝忱。

　　本書所陳於螢燭增輝之義，恐多有未逮，我自慚譾陋，福貧慧薄，祈望大雅君子，四眾高德，不吝誨教，則我所深幸也。

　　南無十方三世一切諸佛菩薩阿羅漢！

陳劍鍠

敬序於文藻外語學院研究發展處

西元 2004 年 1 月 22 日

---

❸　同上，第一冊，〈與悟開師書〉，頁 29–30。

❹　同上，第一冊，〈復鄧伯誠居士書一〉，頁 48。

淨土或問・導讀

目 次

壹

前　言

天如惟則禪師以問答的方式撰述《淨土
或問》，提出廿六對問答，各問答之間皆
有連貫，文脈一氣呵成。他一一剖析淨
土法門的各種信仰問題，例如盛讚淨土
法門、詳示修持方法……，不但讓一般
讀者對淨土法門有初步認識，即使高才
博學的人亦能感其文意高妙，受益匪淺。

一、作者與《淨土或問》

　　《淨土或問》是元朝臨濟宗天如惟則禪師 (?–1354) 的著作，禪師是江西省吉安縣人，俗姓譚。幼年於禾山剃度，後來至浙江省天目山參學，得法於中峰明本禪師 (1263–1323)，成為他的法嗣。

　　禪師於元順帝至正元年 (1341) 住持蘇州師子林，開始撰寫《楞嚴會解》，他的門人此時合力捐助，建造菩提正宗寺，禮請禪師登堂說法，廣接徒眾，因而大闡臨濟宗風，得到皇帝敕賜「佛心普濟文慧大辯禪師」及金襴衣。當時《楞嚴會解》盛行於世，如明朝真鑑法師 (生卒年不詳)《楞嚴正脈疏》（完成於 1596 年）所言：「自元末及今二百餘年，海內講聽《楞嚴》者，惟知有《會解》，而他非所尚。」錢謙益亦云：「自孤山圓公、吳興岳公，張皇台衡之教，以台家三觀映望《楞嚴》，假梵僧之懸讖為佛頂之法印，而《楞嚴》全經之眼目或幾乎改易矣……。天如則公傳天目之心宗，刊定《會解》，獨取孤山、吳興兩家為標準，長水以下皆左次，莫與抗行。」❶ 群英競起，創立新說，天如惟則禪師以真知灼見，脫穎而出，獨獲青睞。但是亦有持反對的看法，如馮夢禎 (1548–1595) 說：

---

❶　錢謙益：《有學集》（臺北：臺灣商務印書館，四部叢刊正編，第 79 冊，1979 年），卷 21，〈楞嚴志略序〉，頁 199 上。

「是經譯梵以來，疏解者十餘家，唯天如《會解》，學者翕然宗之。以為是足盡《楞嚴》矣，不知是天如《楞嚴》，非如來所說之《楞嚴》也。」認為《楞嚴會解》裡有太多天如惟則禪師的看法，因他援引各宗派的注釋書來解釋《楞嚴經》時，時有個人意見，《楞嚴會解》因而受到質疑。

禪師除了注解《楞嚴經》，平時還鑽研天台宗的教義，《淨土或問》即以天台教義疏解淨土教學。此書雖破除許多疑惑，策勵後學修行，並主張持名念佛法，但與道綽 (562–645)、善導 (613–681) 等大師專主持名念佛的他力系統不同。《淨土或問》的思想理趣偏屬天台宗的教義，以心具心造來強調「唯心淨土，自性彌陀」；以一心三觀來詮釋「是心作佛，是心是佛」。我們研讀此論，不能不知個中三昧，才能探奧索隱。

現今《淨土或問》廣為流通的版本，是由明朝雲棲袾宏大師 (1532–1612) 所編，他的弟子廣信校對，被收錄在《大正新脩大藏經》第 47 冊，及《續藏經》第 108 冊。另外，蕅益智旭大師 (1599–1655) 亦將此書收錄在他所編的《淨土十要》。民國印光大師 (1861–1940) 特別為《淨土十要》校改審訂，對這些淨土教學的論述，推崇備至。雲棲袾宏大師是淨土宗第八位祖師，蕅益智旭大師是淨土宗第九位祖師，印光大師是淨土宗第十三位祖師，諸位淨土宗祖師如此提倡，可見《淨土或問》是一本對淨土教學及修持非常重要的著作。

二、本書的撰述方式及目的

本書以三個層次來撰寫，首先將《淨土或問》的原文置於最前面，接著在每一段問答的原文之後導讀本意，最後對於相關的名相、語詞、出處等加以註釋，置於每頁的最下面，供讀者對照檢閱。

有些讀者可能會問為何不將原文加以白話翻譯，這樣能令讀者易於了解原文的意思？其實，如果加以翻譯，有些讀者可能因古文深奧難懂而不讀原文，認為直接閱讀翻譯部分便可了解，這樣一來，無疑會喪失掉原著優美的文辭，以及古文濃稠而多重的意境。

一般而言，逐字翻譯，忠於原文是「信」；文句流暢，意象鮮明是「達」；文字洗鍊，語言典正是「雅」，能達到這樣要求，是文言和白話間互譯的理想，但須知道的是，任何翻譯作品即使能達到「信」、「達」、「雅」的標準，亦然無法全數表達出原作者的諸多想法，充其量就是這麼一種。因此，為了讓讀者更有思考空間，以及讓作者的情志得以朗現，遂不採用翻譯的方法，而以「闡述」的方式代之，僅將個人對原文的認知，直接入題敘議，不在文端一一作出解釋，希望讓出更多的思考空間給讀者，於咀嚼文義之際頓悟了脫生死之義諦。

至於註釋部分，是為了使讀者儘可能掌握原文而作的安排。雖然註釋裡有許多地方引用經論的文字，這無疑造成以「古文」解釋「古文」的情況，使得讀者不明白的地方更多。所以，在註釋時我參考幾本佛教辭典，尤其《佛光大辭典》及丁福保居士 (1874–1952) 的《佛學辭典》，擷取適度的資料供讀者參閱，並儘量以白話的語句加以撰寫、解釋。此外，為了稍稍便於想進一層研究的讀者，我亦標明引文出處，讓他們能按圖索驥，繼續深入堂奧，直達心靈深處，落實對淨土法門的信仰。

三、《淨土或問》內容簡述

天如惟則禪師以問答的方式撰述《淨土或問》，提出廿六對問答，各問答之間皆有連貫，文脈一氣呵成。他一一剖析淨土法門的各種信仰問題，例如盛讚淨土法門、詳示修持方法、明示對治習氣、闡述存心立品、詳論生死事大、警惕人命無常、勸勖居塵學道，不但讓一般讀者對淨土法門有初步認識，即使高才博學的人亦能感其文意高妙，受益匪淺。

第一問在開場白之後，旋即以介紹永明延壽大師的〈四料簡〉來揀擇禪、淨問題。《淨土或問》即以此問題揭開序幕，展開其他相關議題，最後又歸結到此問題，形成前後呼應，完整而嚴密的論述，達到結構完整、文氣連貫及層次清楚的

要求。在第一問裡，天如惟則禪師循著揀擇禪、淨問題，提出淨土法門有「易行易入」及「難說難信」的特性，因而造成一般人產生疑惑。本書在導讀部分，特別引用攝論宗學者提出的「別時意說」，加以對比說明，這其中主要以《佛說觀無量壽佛經》「下品下生」一節經文為對辯要點；以淨土法門收攝根機「至廣至大」，修持方法「至簡至易」為立論要旨。

第二問談到禪家之悟達之士，如果已達「見性成佛」之境，還願意求生淨土嗎？禪宗提倡成佛作祖，應該不執外修、不假外求，而以般若智慧，覺知自心真性。佛教的修持真諦，本是如此。但天如惟則禪師則從另一角度來強調，指出禪家的悟達之士，恐未真悟；果真徹悟，必定願意求生淨土。這裡留下論辯的空間，待下文第三、四問來解決。

第三問所占篇幅很長，談及的問題很多。首先論述菩薩普渡含靈眾生，展現慈悲心的重要性，以及如何理解「慈」、「悲」要義。雖然禪家的悟道之士能有不同層次的「悟」境（或言「明心見性」），不過須強調的是「悟」跟「證」不同，其差異在於「悟」尚未了生脫死，唯有實「證」才斷生死之因。這是因為「悟」尚未能斷煩惱惑業。天如惟則禪師還引用許多經證來加強自己的論點，包括《往生論》、《佛說阿彌陀經》、《佛說觀無量壽佛經》、《華嚴經》、《觀佛三昧經》、《入楞伽經》、《大乘起信論》等；並且舉出許多淨土前賢求生淨土的事例，大菩薩如普賢、文殊，大善知識如龍樹、馬鳴、善財、淨飯王、韋提希、慧遠等，皆願求生淨土，並反詰說，這些

聖人所悟所證是否不及於請法者所謂的「悟達之士」？尤有進者，天如惟則禪師還引證了許多修行淨土法門的禪門大德，包括死心悟新禪師、清歇真了禪師、天衣義懷禪師、圓照宗本禪師、慈受懷深禪師、南嶽慧思禪師、法照禪師、淨靄禪師、淨慈大通禪師、天台懷玉禪師、道珍禪師、道綽禪師、毘陵法真禪師、守訥禪師、北澗居簡禪師、天目文禮禪師等，以破除請法者心中的疑雲。最後，又以百丈懷海禪師的「百丈清規」裡為病僧念佛及津送亡僧之法為例，表明禪家人士密修或兼修淨土法門。

第四問亦承上面第二問的問題而展開，主要以「唯心淨土，自性彌陀」為論述要點。「唯心淨土，自性彌陀」是淨土法門的重頭戲，常為人所倡議，亦常為人所混淆。依天如惟則禪師的看法，無論西方極樂淨土是否實際存在，皆不妨礙「唯心淨土，自性彌陀」的提出，因為從「唯心」、「自性」的角度來看，可以認定宇宙所有存在皆由心變現出來，心外無任何實法存在，這跟一般所謂「心外別無法」、「一切從心轉」、「一切唯心造」或「三界唯一心」的義理是一致的；但從「心」、「性」的廣大奧妙來看，能夠「包太虛，周沙界」，表明西方極樂世界亦在「心」、「性」的涵蓋之內，西方極樂世界有其實存的道理。因為一切雖唯心所變現，但須心淨才能感應得出淨土，感應佛來迎接。這雖然離不開想念之「心」，但絕不可認為這僅是「想心」所現，而沒有任何佛及觀音、勢至等聖眾前來迎接之事。因此，不可認為「唯心無境」。通

常談論「唯心淨土，自性彌陀」，專指理性而言，非指事修。禪家所言即是這個，他們的陳述不外乎想讓人先了解不涉因果修證的道理。因此，以「教」、「理」的關係來說，「唯心淨土，自性彌陀」的說法絕對無誤，但不能執理廢事，須依教起行，才不致墮坑落塹，發生以假亂真的苦果。真正能說「唯心淨土，自性彌陀」，是成佛以後的事。就上所述，轉進一層而言，由於修行者的心淨程度不同，因此現出淨、穢程度不同的國土，天如惟則禪師介紹天台宗所立的四種淨土，一凡聖同居土、二方便有餘土、三實報無障礙土、四常寂光土，而總結說：無一土不依吾心而建立；無一佛不由吾性而發現。因此，十萬億佛土外的極樂世界，難道不是唯心之淨土！極樂淨土之教主，難道不是本性之彌陀！

　　第五問接續談及前一問裡對凡聖同居土的淨、穢融通之義，提出娑婆世界為何會如此濁穢不堪？易言之，請法者的問難是扣緊議題而逐步深入。天如惟則禪師的回答很簡潔：「凡夫業感，即淨而穢；佛眼所觀，即穢皆淨」，表示凡夫與聖人因善惡業力所感得的果報不同，因此在凡夫的眼裡、心裡，會感應得娑婆世界的濁穢；而在佛的眼裡、心裡，則為清淨。

　　第六問接著說明「心淨則土淨，心垢則土垢」的道理，天如惟則禪師引用《維摩詰經》所云：「欲得淨土，當淨其心，隨其心淨，則佛土淨。」強調想自淨其心的人，其方法不外乎修習淨土法門，因為修「淨」必能得「淨」，種何種因，必得

何種果。雖然《維摩詰經》此段話常為人引用，來反證修行
淨土法門的謬誤，但天如惟則禪師在此以不同的角度，把反
對的話變成贊成的話。足見從不同的角度，便有不同的認知。
此處可跟下文第十五問談論「生而無生」之理互相參閱。

　　第七問論述如何修習淨土法門。天如惟則禪師提出「觀
想」、「憶念」、「眾行」等三種方法，以很長的篇幅詳加說明。
此處的「觀想」法，主要依《觀經》「諸佛如來是法界身，遍
入一切眾生心想中，是故汝等心想佛時，是心即是三十二相，
八十隨形好。是心作佛，是心是佛，諸佛正遍知海，從心想
生，是故應當一心繫念諦觀彼佛。」此段話來闡述，並引用天
台宗諸家說法，可見天如惟則禪師採用天台宗的一心三觀來
詮釋「觀想」法。此外，禪師引用《華嚴經》解脫長者所說
的一段話，及諸家對這段話的看法，表示「憶念」可細分為
「理念」和「事持」兩種。「理念」通常配合「理一心」而言；
「事持」則配合「事一心」而言。有關理、事的觀念，是由
華嚴宗學者而來。本書在導讀部分還特加引介蓮宗八祖蓮池
大師及九祖蕅益大師對「理念」（或「理持」）及「事持」的看
法。關於「眾行」，禪師引用《華嚴經》普賢菩薩的十大願、
《大寶積經》的發十種心、《觀無量壽佛經》的修三福，及《無
量壽經》的三輩往生者皆須發菩提心等，說明「眾行」的意
義。這裡的「眾行」以發菩提心為主要訴求，菩提心是自利
利他之心，願生西方的行者須以菩提心為本。因為求生極樂
淨土，依隨三聖修學，為的是倒駕慈航，回向娑婆；否則盡

失淨土法門之意，亦枉費阿彌陀佛的大悲本願。

　　第八問論述善財童子乃圓頓利根之士，為何不求生華藏世界？他自己不但求生極樂世界，還勸化眾生求生此土？這一問是緊接上一問，說明善財童子依普賢菩薩之教而發十大願，最後勸歸極樂。吾人皆知，華嚴大士沒有一位是凡夫或二乘，都是已破無明、證法性，信解圓宗的眾生，但又能依十大願王而回向往生西方極樂世界，這說明往生極樂世界是出苦之玄門，成佛之捷徑。

　　第九問依《觀經》之九品往生，說明修持淨土法門的行者如果功行不同，往生的品位相對不同。另特別指出的是，《觀經》雖然提到上品上生、上品中生、上品下生；中品上生、中品中生、中品下生；下品上生、下品中生、下品下生等九個往生品次，但這只是佛陀粗略地宣說，如要細分，往生品位應該是無量的。理由很簡單，因為各人根機深淺不一，修持時各自所注重的也不盡相同，情況有百千萬種，因而所入的品位也有百千萬種。至於佛陀粗略地宣說九品，是因為細說的話，即使窮盡百千萬劫，亦無法說解完全，因之約略地劃分九個品位，令我們知道修持功行的深淺會影響往生的品位高低。本書導讀部分分別簡述九品往生的情形，並附帶提及往生「邊地」的情況。

　　第十問可與第五、六、九問等合起來參閱，此問主要講述眾生因業力緣故，無法感得其他三土的依報及正報的莊嚴。極樂世界雖分四土，實則凡聖同居土亦具足其他三種土的依

正莊嚴，但因往生的人所感淨業的程度不同，而無法感得其他三土的果報。

　　第十一問接續上一問，提出娑婆世界既然也屬凡聖同居土（第四問已詳述），為何不鼓勵眾生在此修行，反捨此而求生極樂，似有本末倒置之嫌！天如惟則禪師認為娑婆世界的退緣極多，跟極樂世界的淨緣不可同日而語，況且凡夫眾生一旦往生彼國，便得以位階不退。因此鼓勵求生彼國，以避免此五濁惡世的退緣的困擾，否則新發意菩薩無法堅定其信念。

　　第十二問主要論述極樂世界的勝緣。天如惟則禪師提出十六組對比，指出娑婆世界跟極樂世界的不同，其中包括生、老、病、死、愛別離、怨憎會等苦，以及其他種種障礙和誘惑，說明兩種環境對修行者的影響不同。

　　第十三問論述極樂世界的教化主 —— 阿彌陀佛。這和上述極樂世界的境緣，是同一類的問題，可以彼此互參。天如惟則禪師指出，十方如來攝受的淨土無量無邊，如今單獨推薦阿彌陀佛的西方極樂淨土，有三個主要原因：一是阿彌陀佛的誓願深重；二是阿彌陀佛與娑婆眾生有緣；三是與阿彌陀佛的教化之道有關。

　　第十四問主要辯解「欣求極樂，厭離娑婆」的想法，跟「愛憎能所」的執取心態不同。大乘行者修持善法必須在心中興起欲要的念頭，這是「善法愛」，如果斷除「善法愛」（或言「善法欲」），便會落入斷見外道。因此，淨土宗的前賢曾說「取捨若極，與不取捨，亦非異轍。」表明追求至極點及捨離

至極點，其道理跟不取不捨沒有什麼不同。再者，「欣求極樂，厭離娑婆」的教化，是釋迦牟尼佛與阿彌陀佛所共立的，所謂「此指其往，彼受其來」，令眾生一方面厭離娑婆，一方面欣求極樂，盡展釋迦本懷，彌陀本願，普渡迷情。

第十五問談論「生而無生」的道理。前問表明「取捨若極」的說法能為人所接受，但是從另一個角度來審視，「求生」跟佛教的通則法門「無生」之理不是相違背嗎？天如惟則禪師舉出天台智顗、長蘆宗賾及天衣義懷三家說法，說明何謂「生而無生」之理，認為「生即無生，無生即生」。三位前賢的說法廣為人知，亦時為人所稱引，他們的主要觀點在於破解常人執著於「生」或「無生」，無論執著於「生」或執著於「無生」，皆是執著，無法證得第一義諦。執著於「生」則是常見，執著於「無生」則是斷見，諸法之因果各別，亦復相續，非常亦非斷。佛教主張遠離有（常見）、無（斷見）兩邊，而取中道。

第十六問解釋提問者認為西方極樂世界遠在十萬億佛土之外，眾生於臨終時恐難到達？天如惟則禪師說提問者跟一般人一樣，不是常將「心外無土，土外無心」掛在嘴上嗎？如今又提出這個問題，豈不矛盾！原來，提問者還不能全然理解自己心量廣大。假若能如此理解，那麼，極樂世界的依報莊嚴，如國土、寶樹、寶地、寶池等；以及阿彌陀佛，清淨大海眾菩薩等正報之身、三十二相等，皆是我心本具，皆是我心所造。智顗大師的《淨土十疑論》指出「十萬億佛剎」

的說法是對凡夫肉眼及其生死心量來說的，倘若眾生的淨業已成就，在瀕臨命終時，他的定心便是淨土受生之心。

第十七問討論五逆十惡的眾生為何在臨命終時也能夠往生？這主要依據《觀經》下品下生的經文說明此事。另外，天如惟則禪師自言他詳參其他經文，這些犯有極重惡業的眾生之所以能夠往生，可以歸納三點原因：一、「具有大心」；二、「現世或宿世修習念佛三昧」；三、「深重的懺悔心」，而得以在臨終時往生下品。

第十八問闡述「帶業往生」或「消業往生」，其中關涉到阿彌陀佛的本願救度力。天如惟則禪師主張帶業往生，舉出《那先比丘經》以船運石之喻，說明眾生藉著阿彌陀佛不可思議的願力而得以帶業往生。

第十九問承續上一問，提出凡夫「帶業往生」後是否能夠不退轉？天如惟則禪師指出一旦往生極樂世界便位階不退，並舉《佛說無量壽經》、《佛說阿彌陀經》、《淨土十疑論》等經論來說明。

第二十問特為從事世間事業的在家居士而提出，這類眾生平時為了家計而四處奔波，可否臨終時才念佛？天如惟則禪師劈頭便說「苦啊！苦啊（意喻眾生顛倒、愚癡），說這種話是多麼地愚昧啊！」如果世人因信此話而平時不念佛，等到臨終時才念，恐將誤盡天下蒼生。因而舉出懷感大師在《淨土群疑論》裡所示世間有十種人在臨終時無法念佛，作為警策。此外，無論在老病之時或少壯清閑之日，只要有事掛在心頭，

平時便已無法念佛，何況臨終的時候！進一層而言，平時面對生、老、病、死時已張皇失措，何況還從事世間事業。世人常看不破、想不開、放不下，從年輕伊始，娶妻生子，經營家計，受盡千辛萬苦，但當一氣不來時，一切終將化為烏有。此勸戒眾生須預先準備妥切往生資糧，那麼，前程便穩當而光明。若不如此打算，屆時將後悔莫及。

第廿一問論及念佛對現世所得的利益。一般人認為念佛僅對下一世有助益，尤其是在臨終時可藉由念佛而往生極樂世界，或因念佛而消除部分業障而投生善道。然而，念佛的功德不只來世得益，亦對現世有無比的殊勝利益。天如惟則禪師舉出經文言及的十種念佛利益，加以介紹說明。此外，本書導讀部分，依《念佛鏡》所述，提出其他的念佛利益，從廣泛的角度來思維念佛的功德利益，讓人產生信心，肯認念佛法門的殊勝。

第廿二問為世間事物所羈絆的人，提出如何面對困擾以及如何修持？天如惟則禪師指出，若是身處世網之中的人能夠深刻了解無常的道理，不論是在苦、樂、順、逆，或靜、鬧、閒、忙的情況下都能真心念佛；即使平時酌理公事和私事，或迎賓待客，在千萬種外緣交相煩擾的情況也與念佛不相妨礙。禪師還舉出唐代大文豪白居易及宋代圓悟克勤禪師的話，表明為煩瑣事物所羈絆的人亦能忙裡偷閒，互不相礙地修持念佛法門。此外，還說明如何訂立日課，本書導讀部分特以蓮宗第十三位祖師印光大師的方法，介紹「不忙」、「極

忙」、「半閑半忙」等三種日課，俾讀者參考。

第廿三問闡述「十念法門」及「迴向」方法。因在上一問答裡天如惟則禪師曾提到「十念法門」及「迴向」，因而提問者在此進一步提問。禪師所介紹的大抵以慈雲懺主的成說為依歸。「十念法門」講求簡便，省去許多儀式，只須合掌面西正立，念完十口氣的佛號即可。「迴向發願」是以自己的念佛功德，迴向法界一切眾生，悉皆往生西方極樂世界，具體顯露大乘慈悲精神。發願時應當簡略敷陳，不可說空話，專發些不著邊際的誓願。

第廿四問很簡短，主要針對出家眾本身來提問修持方法。天如惟則禪師指出，無論在家或出家之人，皆可從前文第七問所言的三種門徑來修持，或單選一種，或三種兼修皆可。

第廿五問主要說明修行須講求相應，無論何種行門，只要根器相應，必有所成。提問者自認能力低劣，選擇「圓觀」、「唯心」、「十願」、「十心」等適合上器大根的法門恐難有成就。他依自己的根器高低情況及觀察個人偏好，擇定「專持名號」和「禮拜、懺悔」的修持方法。天如惟則禪師認為這種修持方式，正符合善導大師所言的「專修無間」之法。「專修無間」之說最為要緊的地方是「念念相續」，而想成就「念念相續」則必須結合信願，因而天如惟則禪師引用孤山智圓大師「不可等閒發願，散亂稱名」，及永明大師「行道禮敬之際，念佛發願之時，懇苦翹誠，無諸異念，如就刑戮，若在

狴牢，……如斯至誠，方不虛棄」的話，表示願力的重要。

　　第廿六問承接上一問，表明雖然「念念相續」誠屬重要，但因個人定力不足，念頭東跑西走，而提供對策來醫治這些弊病。一般人的通病大抵有：⑴舊學未忘；⑵邪思亂起；⑶境緣相觸，照顧不牢；⑷情想紛飛，遏捺不住，不覺念頭，東走西走，眨得眼來，千里萬里去了；⑸惹著一毫世事，便是五日十日，半月一月，擺脫不去。天如惟則禪師提出三種痛鞭之策：一是「報恩」；二是「決志」；三是「求驗」。

　　從上文內容簡述觀之，《淨土或問》是一本涵蓋思想理論及修持方法兩方面的淨土要典，《大般涅槃經義記》云：「有信無智，增長無明；有智無信，增長邪見。」❷「智」、「信」代表理論及修持兩個面向，學者如果專為理論而理論，不知修持；或專為修持而修持，不知理論，其結果不是儱侗顢頇，便是盲修瞎練。佛學陵夷不振的原因在此。因而就淨土法門而言，結合「智」、「信」，達到「覺性」的開發，《淨土或問》一書實為善導，堪為蓮宗之寶鑑。

---

❷　隋‧釋慧遠：《大般涅槃經義記》，卷11，《大正藏》，第37冊，頁883b。

貳

原典・導讀

　　人生最為重要的不是站在什麼位置，而
是朝什麼方向前進，只要不失去方向，
就不會失去自己。就念佛法門而言，來
世往生極樂世界或現世得以自利利他，
表明念佛行者是生存在目標及希望的
情境中，這樣，即使痛苦也會成為歡樂。
畢竟，有理想的地方，地獄就是天堂，
娑婆就是淨土。

【第一問‧原典】1-1

天如老人方宴默於臥雲之室，有客排闥而入者。禪上人也，因命之坐。坐久，夕陽在窗，篆煙將滅，客乃整衣起立，從容而問曰：「竊聞永明壽和尚，稟單傳之學於天台韶國師，是為法眼的孫。匡徒於杭之淨慈，座下常數千指。其機辯才智，雷屬風飛。海內禪林，推之為大宗匠。奈何說禪之外，自修淨土之業，而且以教人。復撰揀示西方等文，廣傳於世，及作〈四料簡〉。其略曰『有禪無淨土，十人九蹉路。無禪有淨土，萬修萬人去。』看他此等語言，主張淨土，無少寬容。無乃自屈其禪，而過讚淨土耶！此疑非小，師其為我辯之。」

【第一問‧導讀】1-1

請法的人來見天如惟則禪師，禪師剛見他之時，僅叫他「坐」，表示叫他一起禪坐，什麼話也沒對他說，直到夕陽西下，這位請法者才整衣起立，鎮定沉著，不慌不忙地向禪師請法。在佛門中，請法者須依自己的身分就座適當的位置，一切皆須如法，而且不得形體露現，女性尤須特別注意。再從另一個角度來看，客人並未一進門就啟口請法，禪師也未見到客人便馬上應接，跟他寒暄或閒話家常，這意味著「法」的莊嚴與不可輕忽，因佛法乃導引群生至清淨土的寶物。

這位請法者也是出家人(從下文的對話得知)，他以永明延壽大師 (904-975) 為例，提出第一個問題，認為大師既然是禪門

大德，為何修持淨土法門，而且還以此法門教導信徒。尤其是他所撰述的〈四料簡〉盛讚淨土法門，如孤峰絕岸，壁立萬仞，令人有不可逾越雷池一步之勢。希望禪師能為他冰釋心中的疑惑。

這是《淨土或問》裡的第一個問題，它由揀擇禪、淨的問題來揭開序幕。

那麼，永明延壽何許人也？他是唐末五代的高僧，世稱淨土宗六祖及法眼宗三祖，臨安府餘杭（浙江杭縣）人，俗姓王。三十歲依止龍冊寺翠巖令參禪師（生卒年不詳，雪峰義存之法嗣）出家，之後前往天台山參謁德韶國師 (891–972)，初習禪定，得其玄旨。後來於明州雪竇山傳法，法席甚盛，並復興杭州靈隱寺。建隆二年 (961) 應吳越王錢弘俶 (928–988) 的邀請，遷往永明寺，接化大眾，故世稱「永明大師」。這裡所謂的「永明寺」又稱「淨慈寺」，位於浙江杭縣南郊的南屏山，於後周顯德元年 (954) 創建，起初稱為「慧日永明寺」，至宋代改稱「淨慈寺」，為我國五山之一，永明延壽大師居此弘法十五年。又寺中有一口鑄於明代的巨鐘，傍晚時分鐘聲遍徹山谷，即是著名的「南屏晚鐘」。

此外，原典裡提及的天台德韶國師 (891–972)，是法眼宗第二祖，處州龍泉（浙江龍泉）人，俗姓陳。十五歲出家，曾經遍訪明師五十四人，成為臨川法眼文益 (885–958) 的法嗣，後來又進入天台山參訪智顗大師 (538–597) 的遺蹟，並常住於白沙寺。後接受吳越王錢弘俶的邀請，迎至杭州，尊為國師。

【第一問・原典】1-2

答曰：「大哉問也。當知永明非過讚也，深有功於宗教者也。惜永明但舉其綱，而發明未盡，故未能盡遣禪者之疑也。余忝學禪，未諳淨土，然亦嘗涉獵淨土諸書，稍知其概。本是易行易入之方，亦是難說難信之法，所以釋迦慈父現在世時，為諸弟子說《彌陀經》，預知末法眾生，少能信向，故引六方諸佛出廣長舌，說誠實言❶，以起其信，以破其疑。及於經末，因諸佛所讚，乃復自言，『當知我於五濁惡世行此難事，為一切世間說此難信之法，是為甚難。』❷此皆苦口叮嚀，勸人信向矣。且大悲世尊垂救末劫，凡金口所宣，一偈一句，而人非人等，莫不信受奉行。獨於淨土之說，則間有疑者，何哉？良由淨土教門，至廣至大；淨土修法，至簡至易。以其廣大而簡易，故聞者不能不疑焉。所謂『廣大』者，一切機根攝收都盡，上而至於等覺位中，一生補處菩薩，亦生淨土；下而至於愚夫愚婦，與夫五逆十惡無知之徒，臨終但能念佛悔過，歸心淨土者，悉獲往生也。所謂『簡易』者，初無艱難勞苦之行，又無迷誤差別之緣，但持阿彌陀佛四字名號，由此得離娑婆，得生極樂，得不退轉，直至成佛而後已

---

❶　以上所言，見《佛說阿彌陀經》，《大正藏》，第 12 冊，頁 347b–348a。

❷　見《佛說阿彌陀經》，《大正藏》，第 12 冊，頁 348a。按經典原文為：『當知我於五濁惡世行此難事，得阿耨多羅三藐三菩提，為一切世間說此難信之法，是為甚難。』

也。其廣大既如彼；其簡易又如此。故雖智者亦不能無疑焉。
汝如知此，則知永明之讚，深有意焉，而非過也。」

【第一問 · 導讀】1-2

　　天如惟則禪師劈頭便肯定指出，永明大師的說法不但未
過於盛讚淨土法門，還有功於宗教。換言之，禪、淨間的差
異問題得以在〈四料簡〉中獲得解決。只不過永明大師的〈四
料簡〉只提綱挈領地說出禪淨之間的問題，未加以深入剖析，
因而無法完全解決禪者的疑惑。佛教對「宗教」的解釋，通
常有四義，一是佛陀為了適應不同教化對象而說的教法稱為
「教」，教義裡的根本旨趣則稱為「宗」；二是某宗派的教旨，
亦稱宗教；三是認為「宗」是無言之教，「教」是有言之宗；
四是認為「宗」為宗門，「教」為教門。

　　禪師從淨土法門具有「易行易入」及「難說難信」的特
性展開闡述，對一般人產生的疑惑加以說明。禪師所引用的
經文「當知我於五濁惡世行此難事，得阿耨多羅三藐三菩提，
為一切世間說此難信之法，是為甚難」。就淨土法門而言，是
一關鍵語。窺基大師 (632–682) 的《阿彌陀經疏》云：「難信
之法者，謂一日乃至七日念佛，即拔塵滓，高昇淨境，微因
著果，俗情難信，人恐如來引接之語，故言難信之法。」❸指
出一般人認為念佛法門僅是釋迦牟尼佛為了接引眾生而說的
方便法，實際上並不可能在一日乃至七日之中，因念佛便可

---

❸　《大正藏》，第 37 冊，頁 328b。

以超拔塵俗，往生淨土。因為一至七日的念佛修持，僅種下微細的了脫生死之因，與須歷劫修持才能超脫輪迴的常法相比較，念佛法門具有如此驚人的功效，實在難以令凡夫俗情者相信。曾有古德對淨土法門提出「別時意說」（或別時意趣、別時意）的看法，所謂「別時意說」指佛陀為勸誡懈怠而不樂修行的眾生，以別時利益來牽引他們修行，並非於現時便得以解脫，或僅由發願便得以往生淨國佛土。最常為人引用的經據是《攝大乘論釋》卷6所云：

> 釋曰：「若有眾生由懶惰障，不樂勤修行。如來以方便說，由此道理於如來正法中，能勤修行方便說者。」
> 論曰：「譬如有說，若人誦持多寶佛名，決定於無上菩提不更退墮。」
> 釋曰：「是懶惰善根，以誦持多寶佛名，為進上品功德。佛意為顯上品功德，於淺行中，欲令捨懶惰，勤修道。不由唯誦佛名，即不退墮，決定得無上菩提。譬如由一金錢，營覓得千金錢。非一日得千，由別時得千。如來意亦爾。此一金錢，為千金錢因。誦持佛名亦爾，為不退墮菩提因。」
> 論曰：「復有說言，由唯發願，於安樂佛土，得往彼受生。」
> 釋曰：「如前應知，是名別時意。」❹

由此可見「別時意說」是佛陀開設方便，用來鼓勵眾生，令眾生不因修行艱困而生懈怠。佛陀只將未來該得之果報說

---

❹　《大正藏》，第31冊，頁194a–194b。

出，卻未將須歷劫修行的過程，以及修行過程中的各種業行加以說明。這樣的看法大抵上是攝論家批評《佛說觀無量壽經》裡「下品下生」而提出之論點。《觀經》云：「下品下生者：或有眾生作不善業，五逆十惡，具諸不善。如此愚人，以惡業故，應墮惡道，經歷多劫，受苦無窮。如此愚人，臨命終時，遇善知識，種種安慰，為說妙法，教令念佛。彼人苦逼，不遑念佛。善友告言，汝若不能念彼佛者，應稱歸命無量壽佛，如是至心令聲不絕，具足十念稱南無阿彌陀佛。稱佛名故，於念念中，除八十億劫生死之罪，命終之時，見金蓮花，猶如日輪，住其人前，如一念頃，即得往生極樂世界。於蓮花中滿十二大劫，蓮花方開。當花敷時，觀世音、大勢至以大悲音聲，即為其人廣說實相除滅罪法，聞已歡喜，應時即發菩提之心。是名下品下生者。」❺這裡所謂的「五逆」又稱「五重罪」，指犯下五種重罪：⑴害母（又作殺母）；⑵害父（又作殺父）；⑶害阿羅漢（又作殺阿羅漢）；⑷惡心出佛身血（又作出佛身血）；⑸破僧（又作破和合僧、鬥亂眾僧）。前二者為棄恩田，後三者為壞德田，這種行為將構成墮入無間地獄之因，故稱「五無間業」。所謂的「十惡」指：⑴殺生；⑵偷盜；⑶邪淫；⑷妄語；⑸兩舌，即說離間語；⑹惡口，即惡語、惡罵；⑺綺語，即雜穢語、非應語、散語、無義語；⑻貪欲，即貪愛、貪取、慳貪；⑼瞋恚；⑽邪見，即愚癡。依此順序，屬身業者三，屬口業者四，屬意業者三，通常稱此十惡為「身三、

---

❺　《大正藏》，第 12 冊，頁 346a。

口四、意三」。

　　攝論宗學者認為《觀經》所談之十念往生，相當於上引文《攝大乘論釋》所說的「別時意說」，只是一種善巧方便的說法，因此，「十念往生」雖說現時得以往生，實則不然，僅是未來往生的遠因而已。

　　不過，淨土宗大德卻不這麼認為，他們主張「十念往生」乃是即時往生，特別受到重視的說法出自於善導大師 (613-681)，他在《觀無量壽佛經疏》裡主張念佛便表示願行具足，並非「別時意說」❻。

　　對《觀經》「下品下生」經文的解讀，如從不同角度、立場，便有不同的詮釋。攝論宗學者的詮釋採取較嚴峻的手段，善導大師等淨土宗大德的詮釋較為寬容。我想大多數人都有登山的經驗，初邁開步履時，不但神情奕奕，還雄心萬丈，想成功地征服這次的攀登旅程，剛開始修行的人，其心情不也是如此。但當一再往上攀升，體力漸漸消耗時，退墮的心情便油然而生：此時如果能夠下山，順往低處而走，是多麼輕鬆的事啊！修行過一段日子的人，其想法必也是如此。然而，就在此時，如果有一位背包比我們還重，步履比我們還輕盈的人，迅速地超越我們，並在擦身之際，轉過頭來丟下一句話：「上面的風景秀麗，一眼一個驚喜，而且還有生津解渴的泉水。」我們怎不因這句話而振奮，希望早點走進這幅優雅迷人的圖畫裡，並汲飲可口的泉水呢！

――――――――――

❻　參閱《觀無量壽佛經疏》，卷 1，《大正藏》，第 37 冊，頁 250a。

　　陡峭的山路令人退縮不前；而秀麗的風景及可口的泉水令人精神抖擻，對比之下，誰會願意自找麻煩，放棄賞心悅目的景色，並暢飲冽泉，頓消暑氣。弘揚淨土宗諸賢最懂得個中道理，他們能將佛陀的鼓勵作用，化成實際報酬效果，使得修行者不會因艱困而退卻。

　　由於淨土法門易行易入，因而成為難信難說的法門。釋迦牟尼佛當年為弟子說《阿彌陀佛經》時，預知末法眾生少能信向，故引出六方諸佛出廣長舌相，說誠實言，以生起末法眾生的信心，破除他們的疑竇。大悲世尊為了垂救末劫，如此苦口叮嚀，勸人信向。但為何仍有許多眾生產生疑惑？原因是淨土法門收攝的根機「至廣至大」，修持的方法「至簡至易」。由於既廣大又簡易，給人矛盾的感覺，不免產生疑惑而不肯相信。

　　何謂「廣大」？能夠收攝一切根機，上至等覺菩薩，下至愚夫愚婦、犯了五逆十惡的眾生等亦能往生。何謂「簡易」？只須持「阿彌陀佛」四字名號，即可出離娑婆，往生淨土，得不退轉位，直至成佛。如此廣大簡易的法門，即使智慧之人亦不免有疑。以此角度觀之，永明延壽禪師的〈四料簡〉讚歎淨土法門，不但無過，還深具用心。

【第二問·原典】

　　問曰：「廣大簡易，既聞命矣。如禪宗悟達之士，既曰『見

性成佛』，其肯復求淨土之生乎？」

　　答曰：「汝未之知耳。悟達之士，政願求生。古人云：『不生淨土，何土可生？』汝但未悟。使汝既悟，則汝淨土之趨，萬牛不能挽矣。」

【第二問・導讀】

　　「見性成佛」是禪家常使用的語辭，指徹見自心之佛性。達摩祖師《少室六門・血脈論》云：「若欲見佛，須是見性，性即是佛。若不見性，念佛誦經，持齋持戒，亦無益處。」❼一切眾生本來是佛，只須識取自心，見自本性，更莫別求。這是以般若智慧，覺知自心真性。黃檗斷際禪師 (?–850)《宛陵錄》云：「即心是佛，上至諸佛，下至蠢動含靈，皆有佛性，同一心體。所以達摩從西天來，唯傳一法。直指一切眾生本來是佛，不假修行。但如今識取自心，見自本性，更莫別求。」❽六祖慧能大師 (638–713)《法寶壇經・機緣品》云：「汝之本性猶如虛空，了無一物可見，是名正見；無一物可知，是名真知。無有青黃長短，但見本源清淨，覺體圓明，即名見性成佛。」❾禪宗提倡成佛作祖或求生淨土，應該不執外修、不假外求，而以般若智慧，覺知自心真性。

　　佛教的修持真諦，本是如此。

---

❼　《大正藏》，第 48 冊，頁 373c。

❽　《大正藏》，第 48 冊，頁 386b。

❾　《大正藏》，第 48 冊，頁 356c。

　　禪門裡的悟達之士，怎願意拋棄自家寶藏，向外尋覓，以求往生淨土呢！

　　然而禪師的回答正好相反，認為請法者嘴裡的「悟達之士」，恐未真悟。否則，悟者、達者個個都願意往生淨土。

　　這樣的回答能令教外別傳的禪門大德首肯嗎？

　　且看下一個問答。

【第三問·原典】3–1

　　問曰：「佛祖出世為度眾生，學者但患大事不明，大事既明，當行佛教，隨類化身，入泥入水，不避生死，廣度生靈。今悟達之士，求生淨土，則厭苦趨樂，不顧他人，此非吾所願也。」

　　答曰：「見卵而求時夜 ❿，何太早計耶！汝將謂一悟之後，習漏永除，便得不退轉耶！汝將謂一悟之後，更無遍學佛法，修行證果等事耶！汝將謂一悟之後，便可上齊諸佛，入生入死，不受障緣之所撓耶！審如是，則諸大菩薩修六度萬行，動經恆河沙數劫者，反有愧於汝矣。古教有云：『聲聞尚有出胎之昧，菩薩亦有隔陰之昏』，況近時薄解淺悟而自救不了者乎？縱有悟處深遠，見地高明，行解相應，志在度人者，奈何未登不退，力用未充，居此濁惡，化此剛強，此亦先聖之

---

❿　看見雞蛋即希求蛋化為雞，而來司晨報曉。語出《莊子·齊物論》。「時夜」，即司夜，雞也。

所未許。如以未完不固之舟，濟多人於惡海，自他俱溺，其理必然。故《往生論》云：『欲遊戲地獄門者，必生彼土，得無生忍已，還入生死救苦眾生，以此因緣求生淨土。』❶❶又先聖有云：『未得不退轉位，不可混俗度生，未得無生法忍，要須常不離佛。譬如嬰兒常不離母，又如弱羽只可傳枝。』❶❷

【第三問‧導讀】3-1

　　問題的癥結在於生死大事既已成辦，便須隨順眾生的類別，示現不同形相而為他們宣說教化，廣度含靈眾生，展現大乘佛法講求的慈悲心。「慈」指的是慈愛眾生並給與快樂；「悲」指的是憐憫眾生，拔除他們的痛苦。請法者因而認為悟達之士如果求生淨土，似乎過於自私，未能表現出自利利他、自度度人的精神。

　　的確，缺乏慈悲胸懷的人，即使讓他擁有全世界，他的內心還是悲哀的，因為他不懂得如何去愛人、疼人、惜人。

---

❶❶ 此段引文，未見於《往生論》。但宋‧石芝宗曉 (1151–1214)：《樂邦文類》，卷 4，云：「《往生論》云：『游戲地獄門者，生彼國土，得無生忍已，還入生死國，教化地獄，救苦眾生，以此因緣，求生淨土。』」(《大正藏》，第 47 冊，頁 199a) 天如惟則禪師可能引自《樂邦文類》，不知該書已有誤失。

❶❷ 參見元‧靈芝元照 (1048–1116)：《觀無量壽佛經義疏》，卷 3，《大正藏》，第 37 冊，頁 305c；宋‧石芝宗曉：《樂邦文類》，卷 4，頁 170b。

　　然而，佛法講求的慈悲是建立在平等觀的基礎上，無我慈、無我悲，成就了一切平等。若達不到無我慈、無我悲，便無法現證平等，也就無法遠離分別執著。

　　既無法遠離分別執著，豈能具有「隨類化身」來廣度含靈的道力，這即是天如惟則禪師對請法者的說法表示不以為然的主要地方。

　　禪師說的這句話：「汝將謂一悟之後，習漏永除，便得不退轉耶！汝將謂一悟之後，更無遍學佛法，修行證果等事耶！汝將謂一悟之後，便可上齊諸佛，入生入死，不受障緣之所撓耶！」實應好好地銘記在心，時時反省以去除貢高我慢，以及別誤將「悟」認為便是了脫生死。印光大師 (1861–1940) 曾對「禪」、「有禪」、「淨」、「有淨」提出睿旨，就其中的「有禪」而言，指出「有禪」雖已達到明心見性之境，但「有禪」只能算是開悟，未必已了脫生死。他說：「若按通途教理而修，雖明心見性，去了生死，尚大遠在。以明心見性是『悟』，不是『證』。今人能悟者尚少，況能證乎！證則惑業淨盡，生死之因既斷，自不感生死之果矣。」❸強調悟跟證不同，悟跟了生脫死沒有直接關係，須證才能斷生死之因。這是因為悟（或言明心見性）尚未能斷煩惱惑業，大師說：「即令真得禪宗明心見性之實益，其去了生死尚大遠在。以煩惱惑業未斷，悟是悟，生死是生死。若謂明心見性即無生死可得，此係門外

❸　釋印光著、釋廣定編：《印光大師全集》，第二冊，〈復法海大師書〉，頁 302。

漢，與狂禪者之所謬認者。」❹由此言之，「有禪」的行者往往是悟而未證。印光大師對「悟」和「證」的關係，如此解釋：

> 禪宗一法，名為教外別傳。凡所提倡，意在言外，千言萬語，總皆指歸，不涉因果、修證、凡聖、生佛之法身理體。令人先悟此體，然後起彼修因證果，超凡入聖，即眾生而成佛道之事。……一年不悟，兩年參；十年不悟，二十年參；一生不悟，即生生參。果真拌此深心參者，決無不悟之理。既悟之後，乃名悟道。尚須歷諸境緣，鍛煉習氣，直得煩惑淨盡，方可名證道。❺

修行人須先悟道，再以所悟之理體為進道之方；修因證果，才能超凡入聖。要達至悟道，有一段長遠的路須走，或一二年、或幾十年不等，而且更有一生皆不悟者；既悟之後，還須不斷藉境煉心，以去煩惑，直到煩惱淨盡，才是證道。雖然，大師也曾表示佛教法門中最直捷者莫過於參禪，儻係上根者，可以一聞千悟，得大總持。但這也只是悟，尚不是證。況且，值此末法時代能夠大徹大悟、明心見性的人實不多見，大部分參禪者往往錯認消息。大師舉出趙州從諗禪師 (778-897) 至八十餘歲尚且行腳、長慶（大安禪師，793-883）坐破了七個蒲團後才開悟、涌泉景欣（乃石霜慶諸〔807-888〕的

---

❹　同上，第二冊，〈復鄭慧洪居士書〉，頁 1004。

❺　同上，第一冊，〈與泰順林枝芬居士書二〉，頁 92-93。

法嗣）悟後四十年尚有走作、雪峰義存 (822–908) 三登投子，
九上洞山等為例，指出此輩大祖師欲達到大徹大悟之境，經
歷的過程尚且如此之難，何況業力凡夫 ❶❻？

　　天如惟則禪師的意思正可用上述印光大師的意見，作為
最佳佐證。業力凡夫未得不退轉位，不可混俗度生；未得無
生法忍，要須常不離佛。譬如嬰兒常不離母，又如弱羽只可
傳枝。此中道理，顛撲不破。

【第三問·原典】3-2

　　今此國中，釋迦已滅，彌勒未生，而況四惡苦趣，因果
牽纏，外道邪魔，是非扇亂，美色淫聲之相惑，惡緣穢觸之
交侵，既無現佛可依，又被境緣所撓，初心悟達之人，尠 ❶❼
有不遭其退敗者。所以世尊殷勤指歸極樂者，良有以也。蓋
彼彌陀現在說法，樂土境緣種種清淨，倘依彼佛，忍力易成，
高證佛階，親蒙授記。然後出化眾生，去來無礙也。以是之
故，雖上根利器，猶願託生。況汝中下之輩，初得發明者乎？
豈不見《觀佛三昧經》中，文殊自敘宿因謂：『得念佛三昧常
生淨土。世尊復記之曰「汝當往生極樂世界。」』❶❽又不見《華

---

❶❻　參閱同上，第一冊，〈與泰順林枝芬居士書二〉，頁 89。

❶❼　同「鮮」，少的意思。

❶❽　參閱《佛說觀佛三昧海經》，《大正藏》，第 15 冊，頁 687c–688 b。
　　按：《佛說觀佛三昧海經》未明示文殊菩薩受記往生極樂世界，天
　　如禪師所言，可能引自《樂邦文類》，卷 1，〈觀佛三昧經·佛記文

嚴經》中，普賢勸進善財童子海會大眾，以十大願王導歸極
樂，其偈云：『願我臨欲命終時，盡除一切諸障礙，面見彼佛
阿彌陀，即得往生安樂剎。』❶又云：『彼佛眾會咸清淨，我
時於勝蓮華生，親睹如來無量光，現前授我菩提記，蒙彼如
來授記已，化身無數百俱胝，智力廣大遍十方，普利一切眾
生界。』❷又不見《入楞伽經》中，授記龍樹偈云：『南天竺
國中，大名德比丘，厥號為龍樹，能破有無宗，世間中顯我，
無上大乘法，得初歡喜地，往生安樂國。』❸又不見《起信論》
中，馬鳴菩薩有求生之願❹。《無量壽論》，天親菩薩有願往
之心❺。又不見《大寶積經》中，印許淨飯王❻及七萬釋種

殊當生極樂〉，頁 160b。

❶　參閱《大方廣佛華嚴經》，卷 40，《大正藏》，第 10 冊，頁 848 a；
　　宋・石芝宗曉：《樂邦文類》，卷 1，頁 159b。

❷　同上註，頁 848a。按：「利樂一切眾生界」，經典原文為「普利一切
　　眾生界」。

❸　《大乘入楞伽經》，《大正藏》，第 16 冊，頁 627c。

❹　馬鳴菩薩造：《大乘起信論》，云：「若人專念，西方極樂世界阿彌
　　陀佛，所修善根迴向，願求生彼世界，即得往生。」（《大正藏》，第
　　32 冊，頁 583a）

❺　《無量壽經論》又名《無量壽經優婆提舍願生偈》，另可參閱《無
　　量壽經優婆提舍願生偈註》，《大正藏》，第 40 冊，頁 826c、827b、
　　833c。

❻　淨飯王是佛陀的生父，晚年孤寂，虔誠皈依佛陀，成為佛陀及其弟
　　子的外護。

同生安養㉕。《十六觀經》中，指示韋提夫人㉖及五百侍女同
覲彌陀，且淨飯、韋提等，皆是現得無生法忍㉗。西竺似此
之流，不可得而勝數矣。東土如盧山遠公，合社高人。天台、
賢首，諸宗尊者，自行化他。曰僧曰俗，同生淨土者，又可
得而勝數耶！只如文殊、普賢大菩薩也；善財、海眾遍參知
識，悟同諸聖者；馬鳴、龍樹等，亦菩薩也，亦禪宗以為大
祖師也，此諸聖人，所悟所證，比今悟達之士，為何如哉。
彼尚願生樂國，親近彌陀，而汝一悟之後，更不求生，則龍
樹、馬鳴、普賢、文殊等，反不若汝。汝何不自揣其心，自
量其力，所修所證，誠有過於二菩薩，二禪祖者乎？所參知
識，所悟佛性，誠有過於善財、海眾者乎？所得無性法忍，
受佛印證，誠有過於淨飯、韋提者乎？淨飯國王，佛之父也；
七萬釋種，佛之親屬也。淨土之生，倘無利益，佛忍自誤其
父與親屬乎？向謂得無生法忍者，可許混俗度生，今其父王、

㉕　《大寶積經》，卷 76，《大正藏》，第 11 冊，頁 433b。另可參閱宋·
　　石芝宗曉：《樂邦遺稿》，卷 1，《大正藏》，第 47 冊，〈淨飯王與七
　　萬釋種皆生淨土〉，頁 231c。

㉖　「韋提夫人」，又稱「韋提希夫人」，是中印度摩揭陀國國王頻婆娑
　　羅的夫人，阿闍世王的生母。《觀無量壽經》記載阿闍世王將他的
　　父王頻婆娑羅幽閉在七重門禁之內，企圖將他餓死，此時韋提希夫
　　人以酥蜜和麵粉塗抹在身上，並用瓔珞盛滿漿水，前去探望頻婆娑
　　羅國王，因而觸怒阿闍世王，一起被禁錮。兩人於禁閉處念佛，求
　　佛為他們說法，佛遂顯神通，為他們演說《觀無量壽經》。

㉗　上述參閱《佛說觀無量壽佛經》，《大正藏》，第 12 冊，頁 341a–346b。

親屬既得此忍，而尚記往生，則如來護持保養之意，豈不深
且遠乎。多見今之禪者，不究如來之了義，不知達摩之玄機，
空腹高心，習為狂妄。見修淨土，則笑之曰：『彼學愚夫愚婦
之所為，何其鄙哉。』余嘗論其非鄙愚夫愚婦也，乃鄙文殊、
普賢、龍樹、馬鳴等也。非特自迷正道，自失善根，自喪慧
身，自亡佛種，且成謗法之業，又招鄙聖之殃，佛祖視為可
哀憐者。

【第三問・導讀】3-2

目前我們所處的娑婆世界，教主釋迦牟尼佛已經滅度，
而當來下生彌勒佛又尚未到來，在充滿眾苦的四惡趣裡，及
受到因果報應的牽扯、外道邪魔的擾亂、是非善惡的躊疑、
美色淫聲的誘惑，既無教主可依靠，又常為外在的境緣所影
響，稍有覺悟的初學者，常因這些影響而退墮。這也是釋迦
牟尼佛殷勤勸勉眾生往生西方極樂世界的主要原因。況且西
方極樂淨土的教主阿彌陀佛現正在說法，佛經裡明言：「從是
西方過十萬億佛土，有世界名曰極樂，其土有佛號阿彌陀，
今現在說法。」❷❽ 除此之外，極樂淨土的環境非常理想，適合
修習佛法，倘若依循佛力的加被，容易成就無生法忍，親蒙
授記，證得佛果。等到自我功夫成就，便能來去自如地倒駕
慈航，普渡眾生。職是，即使是上根利器的眾生，仍然願意
託生蓮胎，何況中下輩之士，剛剛對佛法生起興味，怎可放

---

❷❽　《大正藏》，第 12 冊，頁 346c。

失此機緣?

　　禪師引用許多經證來加強自己的論點,包括《往生論》、
《佛說阿彌陀經》、《佛說觀無量壽佛經》、《華嚴經》、《觀佛
三昧經》、《入楞伽經》、《大乘起信論》等,並且舉出許多淨
土前賢求生淨土的事例。

　　大菩薩如普賢、文殊,大善知識如龍樹、馬鳴、善財、
淨飯王、韋提希、慧遠等,皆願求生淨土,這些聖人所悟所
證是否不及於請法者所謂的「悟達之士」? 足見,當今之參禪
者,恐怕尚不能了知「如來之了義,達摩之玄機」,僅是「空
腹高心,習為狂妄」。尤有甚者,看見他人修持淨土法門,便
取笑對方,說這是愚夫愚婦所為,自己不屑於此道。然而,
這種鄙笑,實則如同鄙笑文殊、普賢、龍樹、馬鳴等人,而
不自知!

【第三問・原典】3-3

　　於是永明和尚深憐而痛哀之,剖出心肝,主張淨土,既
以自修,又以化世,故其臨終預知時至,乃有種種殊勝相現,
舍利鱗砌於身。嘗有撫州一僧,經年旋繞其塔,人問其故,
僧曰:『因病入冥,閻王以陽數未艾,得放還生,乃見殿左,
供養畫僧一幀,閻王禮拜殷勤,遂叩主吏。吏曰:「此永明壽
禪師也,其修行精進,徑生極樂上品,王故圖像而禮敬之。」』[29]

---

[29]　相關陳述,參閱宋・王日休 (?–1173):《龍舒增廣淨土文》,卷 5,
　　《大正藏》,第 47 冊,頁 268b;《往生集》,卷 1,《大正藏》,第 51

夫永明既悟達摩直指之禪，又能致身於極樂上品，以此解禪者之執情，以此為末法之勸信，故余謂其深有功於宗教者此也。豈特永明為然，如死心新禪師，作勸修淨土之文有云：「彌陀甚易念，淨土甚易生。」又云：「參禪人最好念佛，根機或鈍，恐今生未能大悟，且假彌陀願力，接引往生。」又云：「汝若念佛不生淨土，老僧當墮拔舌地獄。」❸又如真歇了禪師，作《淨土說》有云：「洞下一宗，皆務密修，其故何哉？良以念佛法門，徑路修行，正按大藏，接上上根器，傍引中下之機。」又云：「宗門大匠，已悟不空不有之法，秉志孜孜於淨業者，得非淨業之見佛，尤簡易於宗門乎！」又云：「乃佛乃祖，在教在禪，皆修淨業，同歸一源。入得此門，無量法門，悉皆能入。」❹至如天衣懷禪師、圓照本禪師、慈受深禪師、南嶽思禪師、法照禪師、淨靄禪師、淨慈大通禪師、天台懷玉禪師、梁道珍禪師、唐道綽禪師、毘陵法真禪師、姑蘇守訥禪師、北澗簡禪師、天目禮禪師，等諸大老，皆是禪門宗匠，究其密修顯化，發揚淨土之旨，則不約而同。

冊，頁 133b。

❸ 宋‧死心悟新：〈死心和尚淨土文〉，收入《西方公據》（香港：香港佛經流通處，1994 年），頁 30。

❹ 上引真歇清了禪師之言，因《淨土說》失傳，故未能引見出處。後人常從天如禪師的《淨土或問》引出此段話，作為研究當時曹洞宗亦修念佛法門之依據。

【第三問・導讀】3-3

　　禪師接著又回過頭來，說明了永明大師主張求生淨土，是為了哀憐這些自喪法身慧命的糊塗蟲，他身為一位禪者，能夠在大徹大悟之後，致力於淨土法門的修持，並且作〈四料簡〉來勸解一般禪者的執情，因而再次強調永明大師實實在在地「有功於宗教」。

　　禪師又引證了許多修行淨土法門的禪門大德，包括死心悟新禪師 (1044-1115)、真歇清了禪師 (1089-1151)、天衣義懷禪師 (989-1060)、圓照宗本禪師 (1020-1099)、慈受懷深禪師 (1077-1132)、南嶽慧思禪師 (515-577)、法照禪師（生卒年不詳，唐代淨土宗僧人，又稱五會法師）、淨藹禪師（生卒年不詳，後周時代僧人）、淨慈大通禪師（不知何人，可能是明代鼓山元賢 (1578-1657)，因他撰有《淨慈要語》）、天台懷玉禪師 (?-742)、道珍禪師（生卒年不詳，梁朝僧人，住於廬山修持淨業）、道綽禪師 (562-645)、毘陵法真禪師（生卒年不詳）、守訥禪師（生卒年不詳，少年時依止圓照禪師 (1020-1099)，撰有〈唯心淨土文〉）、北澗居簡禪師 (1164-1246)、天目文禮禪師（生卒年不詳）等，以破除疑雲。

　　許多人心中半信半疑，無法契入，總徘徊在修行的隊伍之外。天如惟則禪師舉出這麼多的禪門巨匠，也舉出了他們的言說，如死心悟新禪師說「彌陀甚易念，淨土甚易生。」「參禪人最好念佛，根機或鈍，恐今生未能大悟，且假彌陀願力，

接引往生。」「汝若念佛不生淨土，老僧當墮拔舌地獄。」再如
真歇清了禪師說：「洞下一宗，皆務密修，其故何哉？良以念
佛法門，徑路修行，正按大藏，接上上根器，傍引中下之機。」
「宗門大匠，已悟不空不有之法，秉志孜孜於淨業者，得非
淨業之見佛，尤簡易於宗門乎！」如此勸信，無非想以前賢的
「行動」來證明一切，可謂苦口婆心。古人云「取法乎上，
僅得其中；取法乎中，僅得其下。」這含有「對比效果」的作
用，我們試想，通常推銷員會提高貨品的價錢，好讓顧客殺
價，即使降低價格，照樣能賣得好價錢。再譬如平時教導小
孩讀書，如果希望小孩每天固定持續讀半小時的書，而在約
定時故意告訴小孩，「每天必須讀兩小時的書」，把時數增長，
小孩聽到每天須讀這麼久的書，一定會反抗。結果，小孩每
天雖只專心地讀「半小時」，跟原來約定相差很多，但我們希
望小孩每天固定讀半小時書的目的已達成。由「對比效果」
來看，雖然同樣是三十分鐘，但在小孩的感覺裡倒短得多，
這無形中可以減輕他的負擔心理。禪師在這裡所舉出的例子，
也可看成具有「對比效果」的作用，令心志怯弱的人可以具
足信心。

　　當然，禪師另外的一層意思也很清楚，即是「以身作則」
的教導方式。他認為大菩薩如文殊、普賢、龍樹、馬鳴，大
德如上舉的那些禪門宗匠，都是「以身作則」地勸信大家修
持淨土法門以求生極樂國土。而且，最為重要的是釋迦牟尼
佛也「以身作則」地引導自己的親人修持淨土法門，淨飯王

及七萬名釋迦種的族人，皆受佛印證而往生極樂淨土。禪師說：「淨土之生，倘無利益，佛忍自誤其父與親屬乎！」善於理會的人，此話真如無價之寶。

「以身作則」是最佳的教導方式，身教遠比言教好，一分身教強過多分言教，因為行為本身更容易使人觸動進取之心。所有的砥礪磨鍊，都不是紙上談兵的人所能想像一般。

【第三問・原典】3-4

豈特諸大老為然，余嘗聞一老宿言曰：『合五家之宗派❸，盡天下之禪僧，悟與未悟，無有一人不歸淨土者。因問其故？乃曰：「如百丈大智海禪師，是江西馬祖傳道之的子，天下叢林依他建立，從古至今，無一人敢議其非，天下清規依他舉行，從始至末，無一事敢違其法。看他為病僧念誦之規云：『集眾同聲舉揚一偈，稱讚阿彌陀佛，復同聲稱念南無阿彌陀佛，或百聲或千聲，回向伏願云：諸緣未盡，早遂輕安，大命難逃，徑歸安養。』此非淨土之指歸乎！又看他津送亡僧，大夜念誦回向伏願云：『神超淨域，業謝塵勞，蓮開上品之華，佛授一生之記。』此非淨土之指歸乎！至於荼毘之際，別無所為，但令維那，引聲高唱『南無西方極樂世界大慈大悲阿彌陀佛』。如是十唱而大眾十和，總名之曰十念也。唱畢復回向云：『上來稱揚十念，資助往生。』❸此非淨土之指歸乎！自

---

❸　五家宗派指唐宋時期，禪宗五家：溈仰宗、臨濟宗、曹洞宗、雲門宗、法眼宗；加上出自臨濟宗之楊岐派、黃龍派，合稱七宗。

百丈以來，凡所以津送亡僧，皆依此法。然則所謂合五家之
宗派，盡天下之禪僧，無有一人不歸淨土者，豈不然乎？」以
余觀老宿所引之言，誠有所據，而不容辯矣。又因其言，遂
悟百丈祖師立法之意，亦豈無所據而然耶！汝在叢林津送亡
僧，不知其幾矣。此等回向十念，口裡唱過，耳裡聽過，又
不知其幾矣。汝既不會祖師之意，又自不發省覺之心，妄謂
悟達之士不願往生，則天下禪者之執，莫汝若矣。」

【第三問‧導讀】3-4

這裡須特別提出來說明的是，百丈懷海禪師 (720-814)
的「百丈清規」為病僧念佛及津送亡僧之法的問題。百丈懷
海禪師二十歲時跟西山慧照出家，後來隨南嶽的法朝律師受
具足戒，未久至盧江(位於四川)研讀經藏。適逢馬祖道一 (709-
788) 在南康弘法，乃傾心依附，遂得印可。後出主新吳 (江西
奉新) 百丈山，自立禪院，制訂清規，率眾修持，實行僧團的
農禪生活。嘗云：「一日不作，一日不食。」❸❹禪師所訂清規，
世稱「百丈清規」，天下叢林無不奉行。

百丈懷海所製定的清規裡，有一節為生病僧人念誦的儀
則，云：

> 凡有病僧，……如病重，為十念阿彌陀佛。念時先白贊云：

---

❸❸　參閱《敕修百丈清規》，卷6，《大正藏》，第48冊，頁 1147b-1148a。

❸❹　《大正藏》，第48冊，頁 1119b。

　　　　阿彌陀佛真金色，相好端嚴無等倫。

　　　　白毫宛轉五須彌，紺目澄清日大海。

　　　　光中化佛無數億，化菩薩眾亦無邊。

　　　　四十八願度眾生，九品咸令登彼岸。

　　　　今晨則為在病比丘某甲，釋多生之冤對，懺累劫之愆尤，

　　　　特運至誠，仰投清眾，稱揚聖號，蕩滌深殃。仰憑尊眾，

　　　　念南無阿彌陀佛一百聲，觀世音菩薩、大勢至菩薩、清淨

　　　　大海眾菩薩，各十聲。回向云：

　　　　伏願，在病比丘某甲。

　　　　諸緣未盡，早遂輕安。

　　　　大命難逃，逕生安養。❸⑤

而津送亡僧的儀則裡，其〈大夜念誦〉言及：

　　　　伏願，神超淨域，業謝塵勞。

　　　　蓮開上品之花，佛受一生之記。❸⑥

其〈茶毘〉言及：

　　　　依法以茶毘，

　　　　焚百年弘道之身，如一路涅槃之徑。

　　　　仰憑尊眾，資助覺靈，

　　　　南無西方極樂世界大慈大悲阿彌陀佛，

---

❸⑤　《敕修百丈清規》，卷 6，《大正藏》，第 48 冊，頁 1147b。

❸⑥　《敕修百丈清規》，卷 6，《大正藏》，第 48 冊，頁 1148b。

十聲罷。上來稱揚十念，資助往生。❸

這些在在表明禪宗人士密修（或說兼修）淨土。

宗門必須直透重關，才有資格說「見道」兩字，才有資格再論「修道」。否則，便是盲修瞎鍊，保不住撞牆磕壁，免不了墮坑落塹。因此對尚未大開圓解的人來說，兼修淨土法門，無不多加了一道保障。

【第四問‧原典】4–1

問曰：「淨土攝機，誠乎其廣矣，愚不敢復議矣。然亦嘗聞有『唯心淨土，本性彌陀』之說，愚竊喜之，及觀淨土經論，所謂淨土者，十萬億土外之極樂也，所謂彌陀者，極樂國中之教主也。是則彼我條然，遠在唯心、本性之外矣。果何謂耶？」

答曰：「汝言局矣。不識汝心之廣大，而明妙者矣。《楞嚴》云：『色身外洎❸山河虛空大地，咸是妙明真心中物。』❸又云：『諸法所生，唯心所現，安有佛土，而不在吾心者哉。』❹

---

❸　《敕修百丈清規》，卷6，《大正藏》，第48冊，頁1148c。

❸　「洎」，讀音為「既」，指「及」、「到」的意思。例如「自古洎今」。

❸　《大佛頂如來密因修證了義諸菩薩萬行首楞嚴經》，卷2，《大正藏》，第19冊，頁110c；參閱《大方廣圓覺修多羅了義經略疏》，卷1，云：「汝身汝心，外洎山河虛空大地，咸是真精妙心中所現物。」（《大正藏》，第39冊，頁534a）

當知淨土唯心，心外無土，如大海之現群漚，無一漚能外海
也；唯心淨土，土外無心，猶眾塵之依大地，無一塵不名地
也。又當知先聖有云：『唯此一心，具四種土。一曰凡聖同居；
二曰方便有餘；三曰實報無障礙；四曰常寂光也。』」❹

【第四問·導讀】4-1

此問，談及「唯心淨土，自性彌陀」，這是淨土法門的重
頭戲，常為人所倡議，亦常為人所混淆。

假如依照《佛說阿彌陀經》裡所言的，西方極樂世界離
此十萬億佛土，是確實的存在；阿彌陀佛現正在極樂世界說
法，也是確實的存在。這無非表明「唯心淨土，自性彌陀」
的說法有問題，因為此極樂「淨土」非因「唯心」所變現，
此「彌陀」非因「自性」所呈現。這是請法者的疑問。

迷惑不解，其來有自。

到底何謂「唯心淨土，自性彌陀」？

這須先從何謂「唯心」、「自性」說起。

「唯心」指三界內唯此一心，否認在心識之外，有實體

---

❹ 按：引文未見於《首楞嚴經》，原經文云：「如來常說，諸法所生，
唯心所現。一切因果，世界微塵，因心成體。」（《大正藏》，第19冊，
頁109a）

❹ 以下天如惟則禪師的整段回答，大致引用《樂邦文類》，卷4，〈維
摩經疏示四種佛國·天台智者大師說〉、〈觀經疏明四土宗致〉（《大
正藏》，第47冊，頁197c–198c）的兩段文字。

事物的存在。換言之，宇宙所有存在皆由心變現，心外無任何實法存在。這也就是一般常講的「心外別無法」。再進一層言之，佛教典籍常言的「一切從心轉」、「一切唯心造」、「三界唯一心」、「心造諸如來」，指的都是同樣的意思。

「自性」指自己的本性，即本來具有的佛性。法相家或唯識家，認為各種法具有真實不變、清純無雜的本性，稱為自性。

佛法裡處處告訴我們「心」的廣大奧妙，如經文所言：「汝身汝心，外洎山河虛空大地，咸是真精妙心中所現物。」這就是一切唯心所造，因此，無論何方淨土，皆是自心所變現出來的。

然而，從另一角度來看，「心」既然廣大明妙，而且能夠「包太虛，周沙界」，那麼，西方極樂世界是在「心」的涵蓋之內而確實存在，這也是「唯心淨土」的另一種解釋啊！尤其須注意的是，這是從修行的起點來立論的。

以上兩種說法，不同處在於：

一者否定（或說不贊同）有西方極樂淨土的存在，因為既然一切是心所變現，只要心淨就能國土淨，換言之，淨土乃唯心所變，存於眾生心內。因此不但不贊同有西方極樂淨土的存在，還反對往生任何一方之淨土。禪宗常引用六祖慧能《壇經》裡的一段話來表明「唯心淨土」：

弟子常見僧俗念阿彌陀佛，願生西方。請和尚說，得生彼

否，願為破疑？

師言：……人有兩種，法無兩般。迷悟有殊，見有遲疾。迷人念佛求生於彼，悟人自淨其心。所以佛言，隨其心淨即佛土淨。使君東方人，但心淨即無罪。雖西方人，心不淨亦有愆。東方人造罪，念佛求生西方；西方人造罪，念佛求生何國。凡愚不了自性，不識身中淨土，願東願西，悟人在處一般。所以佛言，隨所住處恆安樂，使君心地但無不善，西方去此不遙。若懷不善之心，念佛往生難到。❷

上引《壇經》所言，在在表明「佛向性中作，莫向身外求。」❸ 彌陀存在於自己心中，從觀照自心而顯現出「自性彌陀」，即一般所謂觀照自心以悟佛性，既而達到成佛作祖之境。然而須知，這是從理上講，六祖慧能是證果的聖者，能從理上立論，凡夫還是得從事上起修。

另外一種看法持肯定態度，認為西方極樂淨土確實存在，因為一切雖唯心所變現，但須心淨才能感應得出淨土，感應佛菩薩來迎接。例如念佛人臨終之時如蒙佛菩薩來接引，這雖然離不開想念之「心」，但絕不可認為這僅是「想心」所現，而沒有任何佛及觀音、勢至等聖眾前來迎接之事。

我們一般認為「相隨心現」是毫無錯誤，不過認為「唯

---

❷　唐·釋法海集錄：《六祖大師法寶壇經》，卷1，《大正藏》，第48冊，頁352a。

❸　同上註，頁352b。

心無境」則不可。因為說「唯心無境」須是圓證唯心的大覺
世尊才有可能，一般人若如此說，則墮斷滅知見，是破壞如
來修證法門的邪說。

　　一般人談論「唯心淨土，自性彌陀」，專門指理性而言，
非指事修。禪門所言即是這個，他們如此陳述，不外乎想讓
人先了解不涉因果修證的道理。《華嚴經》裡有「心、佛、眾
生三無差別」❹，亦是這個道理，目的是讓修行者知道凡聖、
生佛毫無差別，同具本有之佛性。然後依此理開始進行「修
因證果」，以超凡入聖，達致了脫生死之境。

　　通常如以「教」、「理」來說，「唯心淨土，自性彌陀」是
絕對無誤，但不能執理廢事，在尚未斷見惑，達到任運不造
惡業的實證時，仍須老實修證；若以「機」、「修」來說，則
須依教起行，等到修行達到某一程度，證得理體時，才是真
正獲得，即所謂的「實有諸己」。以「教」、「理」來說，跟以
「機」、「修」來說，二者到最後雖都一樣，但一開始，實大
不相同，不可儱侗含混。

　　一般人常認為唯心則無土，這是魔外知見。

　　強調這種似是而非的見解，常導致念佛人不得實益，雖
自以為高明，卻不知已陷入「執理廢事」的泥沼裡，自誤誤
人。

　　佛教有一種說法：「求升反墜。」意思是說本來自求升進，
冀能證得無上菩提，卻因障蔽正道，戕害慧命，墜入惡道。

❹　參閱《六十華嚴經》，卷10，《大正藏》，第9冊，頁465c。

上面所述及的似是而非的邪見，來自於一些好高騖遠的修行者，每每妄求開悟為主要目的，他們心中所想，口中所說的「唯心淨土，自性彌陀」，多半是如此。這種想念似乎深奧，實則多半都是「說食數實」之徒，他們只講求理性的一面，卻不專心致力於事修，最後弄巧成拙，求升反墜。

　　樹立正確觀念是非常重要的，尤其修行這回事，否則誤入歧途，得不償失。我們豈能問道於盲，藉聽於聾，盲修瞎鍊，最後免不了要受墮坑落塹的苦難。

　　因此，就淨土法門而言，應如此理解：

一、謂「唯心淨土」是以清淨心念佛，求生淨土，直到臨終，由自己之淨心來感應佛菩薩的接引，往生西方，如此方是「唯心淨土」；

二、所謂「自性彌陀」，必須先念西方彌陀，以求往生，漸進地親證自性彌陀。儻若單只執著於「自性彌陀」這句話，而不念西方彌陀，縱使真正開悟，尚不能即刻了脫生死。

　　真正能說「唯心淨土，自性彌陀」，是成佛以後的事。

　　再者，儻若淨土是唯心所造，只應當說「唯心」，而不應當再說「淨土」及「所造」。因為「唯心」指別無自心以外之「淨土」，若無自心以外之淨土，怎能夠無中生有，再添一個「淨土」，又添一個「所造」呢？

　　本是唯心淨，哪還有淨土；

　　本無有淨土，還造個什麼！

　　總之，淨土，就「事」而言，則實有至極莊嚴之境像；

就「理」而言，則唯心所現。良以自心清淨，故使諸境界都清淨。「理」與「事」不能分開來談，才能理事合一，達到圓融之境，就「理」、就「事」，著重於不同處。

「事」「理」二法，兩不相離，由於具有淨心，方能顯現淨境；若無淨境，如何能顯現淨心！

就上所述，可以轉一層地說，「西方極樂淨土原是唯心淨土，導師阿彌陀佛原是自性彌陀」，如果捨棄確實存在的事實而執著於空理，光只是念自性彌陀、生唯心淨土，並將佛陀普利凡聖之道，認作表法寓言，終將弄巧成拙，導致求升反墜。

天如惟則禪師說「淨土唯心，心外無土，如大海之現群漚，無一漚能外海也；唯心淨土，土外無心，猶眾塵之依大地，無一塵不名地也」。

好比大海中泛起許許多多的浮泡，但每一個浮泡都不能逾越出此大海，這就是淨土唯心，心外無土（海外無漚）；好比許許多多的塵埃依附大地，但大地是由每一粒沙塵所組成，故沙塵亦可稱為大地。這就是唯心淨土，土外無心（塵外無大地）。

如此說來，無論是淨土唯心，或唯心淨土，都須先自淨其心。

【第四問‧原典】4-2

一、「凡聖同居土」者，自分二類，初曰「同居穢」，次

曰「同居淨」。初「同居穢土」者，娑婆之類是也，居其中者，
有凡有聖，而凡聖各二。凡居二者，一惡眾生，即四趣也；
二善眾生，即人天也。聖居二者，一實聖，即四果、辟支、
通教七地、別十住、圓十信後心，通惑雖盡，報身猶在，皆
名實也。二權聖，謂方便、實報、寂光土中，法身菩薩及妙
覺佛，為利有緣，應生同居，皆是權也。是等與凡共住，故
云凡聖同居；四趣共住，故云穢土也。次同居淨土者，且如
極樂國，雖果報殊勝，非餘可比，然亦凡聖同居。何以故？
雖無四趣，而有人天，以生彼土者，未必悉是得道之人，如
經云：「犯重罪者，臨終懺悔念佛，即得往生。」❹❺故知雖具
惑染，亦得居也。聖居權實類前可知，但以無四惡趣，故名
為淨。或曰：「具明土相，復多不同，如無動界，雖是淨土，
猶有男女及須彌等。淨土既其不同，穢土亦應不等也。」❹❻

　　二、「方便有餘土」者，二乘三種菩薩，證方便道者之所
居也。何則？若修二觀，斷通惑盡，塵沙別惑，無明未斷，
捨分段身，而生界外，受法性身，即有變易，所居之土名「有
餘」者，無明未斷也，名「方便」者，方便行人之所居也。
故《釋論》曰：「出三界外有淨土，聲聞、辟支佛，出生其中，
受法性身，非分段生也。」❹❼

❹❺　參閱《佛說觀無量壽佛經》，卷1，《大正藏》，第12冊，頁345c–346a。

❹❻　唐·釋湛然 (711–782)：《法華玄義釋籤》，卷13，《大正藏》，第33冊，
　　　頁906b；宋·石芝宗曉：《樂邦文類》，卷2，第47冊，頁172b。

❹❼　引自隋·天台智顗 (538–597)：《觀無量壽佛經疏》，卷1，《大正藏》，

三、「實報無障礙土」者，無有二乘，純諸法身菩薩所居，破無明，顯法性，得真實果，而無明未盡，潤無漏業，受法性報身，亦名果報國。《仁王經》云：「三賢十聖住果報，是也。」❹以觀實相，發真無漏，所得果報，故名為「實」。修因無定，色心無礙，故名「實報無障礙土」，《華嚴》明因陀羅網世界是也。

四、「常寂光土」者，妙覺極智所照，如如法界之理，名之為國，亦名法性土。但真如佛性，非身非土，而說身土，離身無土，離土無身，名身土者，一法二義，普賢觀毘盧遮那住處，名常寂光。前二土是應，即應佛所居，第三亦應亦報，即報佛所居，第四但是真淨，非應非報，法身所居。又云：「常即法身，寂即解脫，光即般若，如世伊三點，不縱橫並別，名祕密藏，諸佛如來所遊居處，真常究境極為淨土。」❹

由是觀之，所謂十方微塵國土者，唯吾心中之土也；三世恆沙諸佛者，唯吾心中之佛也。知此則知無一土不依吾心而建立；無一佛不由吾性而發現。然則十萬億外之極樂，獨非唯心之淨土乎！極樂國中之教主，獨非本性之彌陀乎！又

第 37 冊，頁 188b。

❹ 《佛說仁王般若波羅蜜經》，卷 1，云：「三賢十聖住果報，唯佛一人居淨土。」（《大正藏》，第 8 冊，頁 828a）另可參閱宋·靈芝元照：《觀無量壽佛經義疏》，卷 1，《大正藏》，第 37 冊，頁 282c。

❹ 隋·天台智顗：《觀無量壽佛經疏》，卷 1，《大正藏》，第 37 冊，頁 188c。

當知唯此一心，具含十界，身土融通，重重無礙。又當知心
佛眾生，三無差別，生佛互現，念念交參。所以言，「諸佛心
內眾生，塵塵極樂；眾生心中諸佛，念念彌陀」❺⓿。又云：
「十方淨穢，卷懷同在於剎那；一念色心，羅列遍收於法界。
並天真本具，非緣起新成，一念既然，一塵亦爾，故能一一
塵中一切剎，一一心中一切心，一一心塵復互周，重重無盡
無障礙，一時頓現非隱顯，一切圓成非勝劣。若神珠之頓含
眾寶，猶帝網之交映千光。我心既然，生佛體等。如此則方
了，遷神億剎，實生乎自己心中；孕質九蓮，豈逃剎那際內。」❺❶
又云：「極樂遍在一切處，舉一而全收也。如帝釋殿上，千珠
寶網，千珠光影咸入一珠，一珠光影遍入千珠。雖珠珠互遍，
此珠不可為彼，彼珠不可為此，參而不雜，離亦不分，一一
遍彰，亦無所在。極樂淨土，即千珠之一；十萬億國，亦各
千珠之一。至若三乘人天，下至地獄、餓鬼、畜生、修羅，
一一無非千珠之一，阿彌陀佛，亦千珠直示一珠。見一佛即
見十方諸佛，亦見十方九界眾生。微塵剎海，十世古今，一
印頓圓，無餘法矣。」❺❷如上所引，皆佛祖聖賢，遞相發揚之

❺⓿　宋・楊傑：〈淨土十疑論・序〉，原文：「諸佛心內眾生，塵塵極樂，
　　眾生心中淨土，念念彌陀。」《大正藏》，第 47 冊，頁 77a）

❺❶　宋・四明遵式（慈雲懺主，964–1032）：《往生淨土決疑行願二門》，
　　卷 1，《大正藏》，第 47 冊，頁 145c。

❺❷　參閱元・優曇普度 (?–1330)：《廬山蓮宗寶鑑》，卷 3，〈真歇了禪師・
　　淨土宗要〉，《大正藏》，第 47 冊，頁 318c。

明訓也。知此，則知諸剎諸塵，塵塵皆唯心之極樂也；一塵
一佛，佛佛皆本性之彌陀也。復何疑哉！」

【第四問・導讀】4-2

心淨至不同程度便現出淨、穢程度不同的國土，天如惟
則禪師接著介紹天台家所立的四種土：

一、凡聖同居土；

二、方便有餘土；

三、實報無障礙土；

四、常寂光土。

簡述如下：

一、凡聖同居土：分為兩類，1.「同居穢土」；2.「同居
　　淨土」。

　　1.「同居穢土」指的是像娑婆世界，有凡夫有聖人同
　　　居其中。凡夫又分成兩種，一是善眾生，如人道、
　　　天道等眾生。一是惡眾生，如畜生道、餓鬼道、地
　　　獄道、阿修羅道等眾生；聖人亦分成兩種，一是實
　　　聖，如已證得四果、辟支佛果，或是通教之六地菩
　　　薩、別教之十住菩薩、圓教十信後心之菩薩。這些
　　　聖人雖已斷盡通惑，但仍有報身，因此名之為「實
　　　聖」。一是權聖，如居住於方便有餘土、實報無障礙
　　　土、常寂光土中的法身菩薩及妙覺佛，祂們為了利
　　　益有緣眾生，而應化在此凡聖同居土，因為是應化，

所以名之為「權聖」。

2. 「同居淨土」指的是像極樂國土，六道眾生往生此
國土，未必皆已得道（或說仍具惑染），但既已往生，
他們的氣類與佛菩薩相同。再者，此土沒有四惡趣
眾生，故聖人與凡夫同居於淨土，故名之為「同居
淨土」。

二、便有餘土：是已斷見思惑，但未破無明惑的眾生所
居之土。「方便」的意思是此等眾生所修證的是入真
實之前方便（即修持斷盡通惑的方便道），因而此土
乃方便他們所居住；「有餘」的意思是此等眾生雖斷
見思惑、塵沙惑，但未破無明惑，若破無明惑，便
可以分證無餘。若無明淨盡，則是究竟無餘矣。

三、報無障礙土：此土沒有二乘眾生，純粹為法身菩薩
所居住。因法身菩薩已破無明，顯現法性，得到真
實果報。然而，無明是一分一分地破除，因而無明
尚未全部淨盡，得以受用分證法性之報土，故此土
亦可名為「果報國」。《佛說仁王般若波羅蜜經》說：
「三賢十聖住果報，唯佛一人居淨土。」所謂「三賢
十聖」指的是：十住，十行，十迴向等三階位的三
賢；初地至第十地的菩薩為十聖。

四、寂光土：佛居住之所。佛居住的世界是無生滅變化
（常）、煩惱擾亂（寂）、智慧光明（光），故稱常寂
光土。此土是佛自證最極祕藏之土，以法身、解脫、

般若為其體，具足圓滿「常、樂、我、淨」等四德。

《觀普賢菩薩行法經》說：「釋迦牟尼佛名毘盧遮那遍一切處，其佛住處名常寂光；常波羅蜜所攝成處，我波羅蜜所安立處，淨波羅蜜滅有相處，樂波羅蜜不住身心相處。」❺

再者，須提出說明的是，「實報無障礙土」與「常寂光土」本屬同一土，如就所感得的果報來說，則名「實報」，如就所證得的理性來說，則名「寂光」。圓教初住的眾生，剛開始破除一品無明，證得一分三德，便得以入實報土，也可以說他們「分證寂光」。若妙覺佛果，則是上上實報，究竟寂光。足見，此土有分證跟究竟的不同處。

逐一說明四種國土之後，禪師總結：無一土不依吾心而建立；無一佛不由吾性而發現。因此，十萬億佛土外的極樂，難道不是唯心之淨土！極樂國中之教主，難道不是本性之彌陀！並且認為諸剎諸塵，塵塵皆唯心之極樂；一塵一佛，佛佛皆本性之彌陀。

是的，心性實是生佛平等，也是生佛共有，既不偏屬佛，也不偏屬眾生。那麼：

如以心屬彌陀，則眾生是彌陀心中的眾生；

如以心屬眾生，則彌陀是眾生心中的彌陀。

因此：

以彌陀心中的眾生，念眾生心中的彌陀；

---

❺　《大正藏》，第9冊，頁392c。

豈有眾生心中的彌陀，不應彌陀心中的眾生！

【第五問・原典】

問曰：「既謂淨穢融通，塵塵極樂，何娑婆獨不免於穢耶？」

答曰：「凡夫業感，即淨而穢；佛眼所觀，即穢皆淨。豈釋迦報境而果穢哉！」

【第五問・導讀】

我們絕大多數的人都知道，對任何未知的事情或人，應保留適度的「懷疑」，否則便成了「迷信」。因此，我們相信每件事情之前，必須要有如下的認知：

一、不可因為他人的口傳、傳說，就信以為真。

二、不可因為奉行傳統，就信以為真。

三、不可因為是正在流傳的消息，就信以為真。

四、不可因為是宗教經典、書本，就信以為真。

五、不可因為根據邏輯，就信以為真。

六、不可因為根據哲理，就信以為真。

七、不可因為符合常識、外在的推測，就信以為真。

八、不可因為符合自己的預測、見解、觀念，就信以為真。

九、不可因為演說者的威信，就信以為真。

十、不可因為他是導師，就信以為真。❸

　　請法者在這裡一層層的逼問，是符合求法精神的。

　　天如惟則禪師回答他「凡夫業感，即淨而穢；佛眼所觀，即穢皆淨。」表示凡夫與聖人因善惡業力所感得的果報不同，故在凡夫眼裡、心裡，會感應得娑婆世界的汙濁；而在佛的眼裡、心裡，則為清淨。

　　這是心淨則佛土淨的另一種闡釋。且看下一問的說明。

【第六問‧原典】

　　問曰：「含攝無餘，吾信唯心之大矣。圓融無礙，吾信唯心之妙矣。奈何尚滯迷情，未離穢業，則吾唯心之土，何由淨耶？」

　　答曰：「心垢土垢，心淨土淨。故《維摩經》云：『欲得淨土，當淨其心，隨其心淨，則佛土淨。』❺❺夫欲淨其心者，捨淨土之修法，他無能焉。」

【第六問‧導讀】

　　禪門有則蘇東坡（1036–1101）跟佛印禪師（1032–1098）一起打坐參禪的公案，常為人所舉例。

　　蘇東坡跟佛印禪師在金山寺打坐參禪，當時蘇東坡頓覺

---

❺❹　參閱泰僧佛使比丘（1906–1993）：《現代佛教的省思——如何修行‧如何護法》（桃園：台灣佛法中心，1986年），頁57。

❺❺　《維摩詰所說經》，卷1，《大正藏》，第14冊，頁538c。

身心通暢，輕安無比，於是問禪師：「禪師！你覺得我這樣的坐姿如何？」

「非常莊嚴，像一尊佛！」

蘇東坡聽了非常高興。佛印禪師接著問蘇東坡：「學士！你覺得我坐的姿勢怎麼樣？」

蘇東坡馬上回答說：「像一堆牛糞！」

佛印禪師聽了毫無怒氣，並且表現出一副平和溫潤的態度。

蘇東坡異常得意，心中以為今天將禪師愚弄一番，贏了佛印禪師，於是逢人便說：「我今天贏了！」

消息傳到他妹妹蘇小妹那裡，妹妹便問道：「哥哥！你究竟是如何贏了禪師？」

蘇東坡沾沾自喜，自鳴得意地敘述了一遍。蘇小妹天資聰穎，天才橫溢，她聽了蘇東坡得意的敘述之後，說：「哥哥，禪師心中如佛，因此他看你如佛；你心中像牛糞，因此你看禪師才像牛糞！你輸了。」

蘇東坡啞然，自慚不已。

這就是因心的淨、穢，而變現出一切外在依報正報為淨、穢的道理。

雖然說心汙垢所變現的國土便為穢土，心清淨所變現的國土便為淨土，但願意自淨其心的人，其方法不外乎修習淨土法門。因為修「淨」必能得「淨」，種何種因，必得何種果。這是天如惟則禪師所強調的。

這一個問答，其實是總結第四問以來的問題，因此讀者可再回顧一下前面所述。

以下接著問如何修習淨土法門。

【第七問‧原典】7-1

問曰：「淨土修法，其詳可得聞乎？」

答曰：「淨土無修，修因迷有。法無高下，高下由根。根有多殊，修分多類。攝其多類，總有三門：一曰『觀想』；二曰『憶念』；三曰『眾行』，皆依極樂彌陀以為之主也。」

一曰「觀想」者，如《觀經》云：「諸佛如來是法界身，（遍）入一切眾生心想中，是故汝等心想佛時，是心即是三十二相，八十隨形好。是心作佛，是心是佛，諸佛正遍知海，從心想生，是故應當一心繫念諦觀彼佛。」❺❻《天台疏》曰：「諸佛如來下，泛明諸佛，是故應當下遍觀彌陀；法界身者，報佛法性身也。眾生心淨，法身自在，故云入。如白日昇天，影現百川。明佛身自在，能隨物現也。又法界身，是佛身無所不遍，法界為體，得此觀佛三昧，解入相應，故云入心想也。『是心作佛』者，佛本是無，心淨故有。『是心是佛』者，向聞佛本是無，心淨故有，便謂條然，故云即是，始學名作，終成即是。」❺❼《妙宗釋》曰：「欲想佛身，當明觀體，體是

---

❺❻　《佛說觀無量壽佛經》，卷1，《大正藏》，第12冊，頁343a。

❺❼　參閱隋‧天台智顗：《觀無量壽佛經疏》，卷1，《大正藏》，第37冊，

本覺，起成能觀。本覺乃是諸佛法界之身，以諸佛無別所證，全證眾生本性故也。若始覺有功，本覺乃顯，故云法身從心想生。又彌陀與一切佛，一身一智，應用亦然。彌陀身顯，即諸佛身。諸佛相明，即彌陀體。故泛明諸佛，以為彌陀觀體。從法界身下，是約『感應道交』釋；從又法界身下，約『解入相應』釋。」**⑤⑧**《融心解》**⑤⑨** 云：「若無初釋，則觀非觀佛。若無次釋，則生佛體殊。二釋相成，是今觀法。」**⑥⓪**《妙宗》又曰：「今之心觀，非直於陰觀本性佛，乃託他佛，顯乎本性。故先明應佛入我想心，次明佛身全是本覺。故應佛顯，知本性明。託外義成，唯心觀立。若論作是，即不思議三觀也。以若破若立名『作』，空假二觀也；不破不立名『是』，中道觀也。『全是而作』，則三諦俱破俱立；『全作而是』，則三諦俱非破立。即中之空假名『作』，能破三惑，能立三法。故感他佛三身圓應，能成我心三身當果。即空假之中名『是』，則全惑即智，全障即德。故心是應佛，心是果佛，故知『作』『是』一心。修此三觀，乃諸觀之總體，一經之妙宗也。」**⑥①**

頁 192b。

⑤⑧ 參閱宋·四明知禮：《觀無量壽佛經疏妙宗鈔》，卷4，《大正藏》，第37冊，頁219c–220a。

⑤⑨ 《觀無量壽佛經融心解》，為天台宗高僧四明知禮所撰。

⑥⓪ 參閱宋·石芝宗曉編：《四明尊者教行錄》，卷2，《大正藏》，第46冊，頁866c。

⑥① 參閱宋·四明知禮：《觀無量壽佛經疏妙宗鈔》，卷4，《大正藏》，

又曰：「此觀能令四佛土淨，如是方為此經宗致。」❷乃至云：「此經本為韋提希厭同居穢，求同居淨，故談妙觀，觀彼依正。三觀若成，麤垢先落，非有餘淨，更生何處。須知正為生同居淨，故立三觀，良由觀妙，能破三惑。不獨感於同居淨土，隨其惑斷淺深之處，自然感得有餘等三土。如病須藥，本為身安。求得仙方，修合服之。不但身安，兼能輕骨。身安可喻生同居淨，輕骨可喻感上三土。只是一藥，效乃深勝。如一妙觀，能淨四土。」《（融心）解》云：「韋提本欲捨穢取淨，而佛示觀法，捨穢必盡，顯淨無遺。如月蓋為免舍離果報之病，故請觀音，及乎宣咒，乃能消伏三毒之根，具足五眼之果，故一心三觀求生淨土者，以三惑為穢土之因，以三諦為淨土之果。故別惑盡，則寂光淨，究竟三諦也。別惑未盡，則實報淨，分證三諦也。云云。」❸如上所明一心三觀，能破三惑，能淨四土。其惑未破而生安養同居者，託勝增修，則有餘等三淨可待矣。且教有云：「五濁輕重，同居淨穢。而圓觀輕濁，所感同居，依正最淨。比修戒善，及餘經眾善感安養土，其相天殊。」❹故天台宗以圓觀為定善也。

　　第37冊，頁220a–220b。

❷　同上，頁220b。

❸　同上，頁211c–212a。

❹　同上，頁210b。

【第七問・導讀】7-1

　　禪師一開頭便說：「淨土無修，修因迷有」，這是依「理體」而言，淨土乃無修無證，方可證得。如有修有證，便不可名為淨土，換句話說，當證得「理體」時，是無法用言語來形容，否則執有執無，怎稱得上「淨」呢？不過，如就「事相」而言，亦然須依性起修，因此，禪師一一介紹如何修持淨土法門，依照眾生的不同根性，開列三種方法：一、觀想；二、憶念；三、眾行。

　　此處所舉的「觀想」之法，主要依《觀經》來闡述，並引用天台宗諸家說法，足見禪師採用天台宗的一心三觀來詮釋「觀想」法。

　　《觀經》云：「諸佛如來是法界身，遍入一切眾生心想中，是故汝等心想佛時，是心即是三十二相，八十隨形好。是心作佛，是心是佛，諸佛正遍知海，從心想生，是故應當一心繫念諦觀彼佛。」此段話為淨土法門「觀想」一法的總綱領。正文裡引用天台宗智顗大師 (538-597) 對這段話的詮釋，是經由石芝宗曉法師 (1151-1214) 攝要而成，非原文全貌❻，再者天如惟則禪師以下所引用的四明知禮 (960-1028)《觀無量壽佛經疏妙宗鈔》、《觀無量壽佛經融心解》等文字，也是迻引自《樂邦文類》。

---

❻　原文參閱宋・石芝宗曉：《樂邦文類》，卷 1，〈觀無量壽經・第八像觀約心觀佛〉，《大正藏》，第 47 冊，頁 154a-b。

「法界身」，指佛的法身，唐代賢首法藏 (643–712) 云：「現一身即一切身，名法界身。」❻《往生論註》亦云：「諸佛如來是法界身者，法界是眾生心法也，以心能生世間出世間一切諸法，故名心為法界。法界能生諸如來相好身，亦如色等能生眼識，是故佛身名法界身。」❼如上所言，法界是眾生之心法，此心能生諸法，故名法界；而今此法界心生萬法之佛身，故稱佛身曰法界身。

　　此外，「三十二相」指轉輪聖王及佛、菩薩所具足的三十二種殊勝容貌與微妙形相，與八十種好（微細隱密者）合稱「相好」。依《大智度論》卷 4 所載，即：

一、足下安平立相：足底平直柔軟，安住密著地面之相。

二、足下二輪相：又作千輻輪相，足心現一千輻輪寶之肉紋相。

三、長指相：兩手、兩足皆纖長端直。

四、足跟廣平相：足踵圓滿廣平。

五、手足指縵網相：手足的每一指間，皆有縵網交互連絡之紋樣。

六、手足柔軟相：手足極柔軟，如細劫波毳之相。

七、足趺高滿相：足背高起圓滿之相。

八、鹿王相：股骨如鹿王般纖圓。

九、手過膝相：立正時，兩手垂下，長可越膝。

---

❻　唐・釋法藏：《華嚴經探玄記》，卷 2，《大正藏》，第 35 冊，頁 144c。

❼　北魏・釋曇鸞：《往生論註》，卷 1，《大正藏》，第 40 冊，頁 832 a。

十、陰藏相：男根密隱於體內如馬陰之相。

十一、身廣長等相：佛身縱廣左右上下，其量全等，周
　　　匝圓滿。

十二、毛上向相：佛一切髮毛，由頭至足皆右旋。其色
　　　紺青，柔潤。

十三、一一孔一毛生相：一孔各生一毛，其毛青琉璃色，
　　　一一毛孔皆出微妙香氣。

十四、金色相：佛身及手足悉為真金色，如眾寶莊嚴之
　　　妙金臺。

十五、大光相：佛之身光普照三千世界，四面各有一丈。

十六、細薄皮相：皮膚細薄、潤澤，一切塵垢不染。

十七、七處隆滿相：兩手、兩足下、兩肩、頸項等七處
　　　之肉皆隆滿、柔軟。

十八、兩腋下隆滿相：佛兩腋下之骨肉圓滿不虛。

十九、上身如獅子相：佛之上半身廣大，行住坐臥威容
　　　端嚴，一如獅子王。

二十、大直身相：於一切人中，佛身最大而直。

二十一、肩圓好相：兩肩圓滿豐腴，殊勝微妙之相。

二十二、四十齒相：佛具有四十齒，一一皆齊等、平滿
　　　　如白雪。

二十三、齒齊相：諸齒皆不粗不細，齒間密接而不容一
　　　　毫。

二十四、牙白相：齒白如雪相，其色鮮白光潔，銳利如

鋒，堅固如金剛。

二十五、獅子頰相：兩頰隆滿如獅子頰。

二十六、味中得上味相：佛口常得諸味中之最上味。

二十七、大舌相：又作廣長舌相，舌頭廣長薄軟，伸展
　　　　　則可覆至髮際。

二十八、梵聲相：佛清淨之梵音，洪聲圓滿。

二十九、真青眼相：又作目紺青相，佛眼紺青，如青蓮
　　　　　花。

三十、牛眼睫相：睫毛整齊而不雜亂。

三十一、頂髻相：又作頂上肉髻相，頂上有肉，隆起如
　　　　　髻形之相。

三十二、白毛相：又作白毫相、眉間毫相，兩眉之間有
　　　　　白毫，柔軟如兜羅綿，長一丈五尺，右旋而捲
　　　　　收，以其常放光，故稱毫光、眉間光。

　　再者，「八十隨形好」又稱為「八十種好」，為佛菩薩所
具足之八十種好相。值得說明的是，顯著易見的稱為三十二
相，微細難見的稱為八十種好。轉輪聖王也能具足三十二相，
而八十種好則只有佛、菩薩才能具足。

　　由於眾生心淨，如來法身能遍入眾生的心想之中，因此，
當眾生「心想」佛的時候，此「心」便具有如同佛一樣的三
十二相及八十種好。這便是淨土法門常說的「是心作佛，是
心是佛」的道理。

　　如果配合天台宗「心具」、「心造」的說法，「是心作佛」

即稱性起修;「是心是佛」即全修在性。因為,「心具」指自
心原本具有此理;「心造」指依心本具之理而起修。簡言之,
心具即「理體」,心造即「事修」;心具即「是心是佛」,心造
即「是心作佛」。

心具、心造二者配合而言,可避免雖然悟得理體,但仍
不廢事修,這種修持才是「真修持」,否則墮入執理廢事,形
成狂妄知見。

前文幾則答問中,言及心的廣大無邊,一切諸法皆由心
建立,一切凡聖皆由心出生。世間一切教法,所說的皆屬心
的作用,隨其心淨則國土淨,隨其心穢則國土穢。依此類推,
「心」隨想佛界之緣,便是「是心作佛,是心是佛」;若隨想
眾生各界之緣,便是「是心作眾生,是心是眾生」。

佛家常言,「心作三乘,心是三乘;心作六道,心是六道」。
佛由心作,地獄也是由心造,心之力用,非常勝妙。如果明
白這層道理,便不會不念佛。

依淨土法門而言,「作佛」包括:憶念佛德、觀想佛像、
持念佛名、禮佛、畫佛等。「是佛」則表示:因心念於佛,心
中便現出佛之相好莊嚴、福德智慧、神通道力,如鏡照相,
鏡相無二。

此外,天台家亦藉用《大乘起信論》「始覺」、「本覺」的
觀念,來解釋「諸佛如來是法界身,遍入一切眾生心想中」。
如四明知禮說:「欲想佛身,當明觀體,體是本覺,起成能觀。」
這裡的「觀體」即是觀照自身本有之佛性,因此說「體是本

覺」。本覺乃本來清淨之覺體，亦即佛性，先天本有而不受煩惱汙染所影響，但因眾生受無明之緣，而生起種種迷妄。然而，如能「觀體」，便是開始覺醒之際，這即是「始覺」，因此四明知禮接著說「若始覺有功，本覺乃顯，故云法身從心想生」。意思是說經過修習，次第破除無始以來的迷惑，一步步地覺知、啟發先天本具之佛性。因此，從始覺到顯現本覺，一路走來的修持過程，不外乎皆由心想而生出，故說「法身從心想生」。

接著又說「彌陀與一切佛，一身一智，應用亦然。彌陀身顯，即諸佛身。諸佛相明，即彌陀體」。這是佛佛道同的意思，各佛所攝受的國土皆一樣，平等無二，見一佛即見諸佛，見彌陀即見諸佛。

四明知禮大師是天台宗的學僧，他以天台宗「一心三觀」的教說來詮釋「是心作佛，是心是佛」。《觀無量壽佛經疏妙宗鈔》說：「今之心觀，非直於陰觀本性佛，乃託他佛，顯乎本性。故先明應佛入我想心，次明佛身全是本覺。故應佛顯，知本性明。託外義成，唯心觀立。」此處「陰觀」的「陰」是「蘊」的意思，亦即五蘊中之識蘊，天台宗的觀境法門指出，凡夫日常所起的剎那妄心（或言介爾妄心），圓具三千諸法，含藏三諦妙理，因此可以作為所觀之境。但《觀經》所教示的觀法，不是直接以識蘊作為所觀之境，而是假託他佛，來顯現自心本性，因此須先了解「應佛」入眾生心想的意義。

如何理會「應佛」入眾生心想？必須確實明白所見之佛

是唯心所現，若是認為心外實有的境像，恐怕會遭致著魔發狂。換言之，「應佛」雖是唯心所現，祂歷歷分明展現在修持者的眼前，但實際上並非真實的塊然一物。若認作外境，執取實有，便會造成魔境。

不過，雖不可將「應佛」執取為實有，但藉由觀想「應佛」的途徑，於「應佛」顯現之時，便是「本性」明白朗照之時，因為此時心淨，故本性顯露。這就是所謂「託外義成，唯心觀立」。

接著四明知禮大師闡述說：「若論作是，即不思議三觀也。以若破若立名『作』，空假二觀也；不破不立名『是』，中道觀也。『全是而作』，則三諦俱破俱立；『全作而是』，則三諦俱非破立。即中之空假名『作』，能破三惑，能立三法。故感他佛三身圓應，能成我心三身當果。即空假之中名『是』，則全惑即智，全障即德。故心是應佛，心是果佛，故知『作』『是』一心。修此三觀，乃諸觀之總體，一經之妙宗也。」

「是心『作』佛，是心『是』佛」的「作」「是」，即是天台宗用以創立的「不思議三觀」。「不思議三觀」又稱作「圓融三觀」、「不可思議三觀」、「不次第三觀」、「一心三觀」。

何謂「三觀」？指對一切存在作「空觀」、「假觀」、「中觀」等三種觀法。「空觀」指從假入空觀，由世俗的立場（假）而觀入真理（空）；「假觀」指從空入假觀，不執滯於真理（空）而觀入世俗的立場；「中觀」指中道第一義觀，不執滯於空、假二觀而行菩薩行。

　　進入「空觀」的人，定力比較強，但尚未足夠開發智慧，因此無法見得佛性（本性）；進入「假觀」的人，智慧開發較為足夠，得以見得佛性，但因智慧開發尚不完全，因此所見佛性仍不完全明朗；進入「中觀」的人，因定力、智慧皆足夠，所謂定慧等持，因此得以了見佛性。

　　假若「破」、「立」皆名為「作」，這便是空假二觀；假若「不破」、「不立」名之為「是」，這便是中道觀。所謂「破」指破除萬法而顯現真空之理；所謂「立」指依萬法之緣起而顯妙有之義。

　　因此，透過《觀經》所教示的「作」、「是」，得以一心修此三觀，這也是《觀經》裡十六觀法的總綱，也是此經的玄妙宗旨之所在。

　　四明知禮大師強調佛陀演說《觀經》，是因韋提希夫人厭離同居穢土，希求同居淨土，故為她說此妙觀之法，以觀想極樂世界的依正莊嚴。只要能夠成就一心三觀，一旦往生同居淨土（即凡聖同居土），便得以依斷惑的深淺程度，而依序地晉升到實報無障礙土、方便有餘土及常寂光土。因此他說「此觀能令四佛土淨，如是方為此經宗致。」「只是一藥，效乃深勝。如一妙觀，能淨四土。」指出一心三觀的力用能令行者達致四土，並且有如良藥治癒眾生惑業之病，由淨心而發現淨土。

　　四明知禮大師以演述的方式，展現自己所見、所感、所思及所信。想必讀者讀至此，恐怕尚難以接受這種「理想國

度」的陳述，剛開始接觸這種即有即無，似有似無的說法，實在需要相當時間去適應、理解及體會。在這段適應的時期，的確需要引導和說明。

在宗教信仰的國度裡，每位信仰者都需要一位指引方向的導師，使自己順利進入「理想國度」。

信仰不必一定是曲高和寡的。

淨土不必一定是大眾口味的。

如果能夠在格外沉寂的情況下，換來出類拔萃的境地；目前處於低潮的心境，終將深具歷久彌新的意義。

【第七問・原典】7-2

二曰「憶念」者，或緣相好或持名號，皆名憶念，而有理有事，如《華嚴》解脫長者云：「我若欲見安樂世界無量壽如來，隨意即見。如是十方一切世界所有如來，我若欲見，隨意即見。我能了知一切如來，國土莊嚴，神通等事。無所從來，亦無所至，無有處所，亦無住處，亦如己身，無來無去，無行住處。然彼如來，不來至此，我不往彼，知一切佛，及與我心，皆如夢故，如夢所見，從分別生，見一切佛，從自心起。又知自心如器中水，悟解諸法如水中影。又知自心猶如幻術，知一切佛如幻所作。又知自心諸佛菩薩，悉皆如響，譬如空谷，隨聲發響。悟解自心，隨念見佛。我如是知，如是憶念。所見諸佛，皆由自心。」❸《貞元疏》❹曰：「『無

---

❸　參閱《大方廣佛華嚴經》，卷 6，《大正藏》，第 10 冊，頁 687c。

所從來」下，正辨唯心。即心無心，便入真如。了彼相虛，唯心現故。既了唯心，了心即佛。故隨所念，無非佛矣。下列四喻，通顯唯心，喻『無來往』。別喻兼明『不出入』等。四喻皆具四觀。一、正是唯心，二、唯心故空，三、唯心故假，四、唯心故中。融而無礙，即華嚴意。夢喻不來不去，影喻不出不入，幻喻非有非無，響喻非合非散。」❻❾ 又如《般舟經》教修佛立三昧，專念彌陀。其略云：「常念彼佛，譬如夢見金寶親屬，相與娛樂」❼⓿ 等。永明曰：「此喻唯心所作，即有而空，故無來去。又如幻非實，則心佛兩忘。而不無幻相，則不壞心佛。空有無礙，即無去來，不妨普見。見即無見，常契中道。是以佛實不來，心亦不去，感應道交，唯心自見。」❼❷ 又如《楞嚴·大勢至》云：「若子憶母，如母憶時，母子歷生，不相違遠。至我本因地，以念佛心，入無生忍。」❼❸ 雪川 ❼❹ 以理事判之曰：「觀其母子相憶之喻，則是同居事相而

---

❻❾　唐·釋澄觀 (738–839) 撰，又稱《華嚴經普賢行願品疏》、《貞元華嚴經疏》、《華嚴經行願品疏》，收於《卍續藏》第 7 冊。本書敘述《四十華嚴經》之綱要，並解釋文義。

❼⓿　參閱唐·釋澄觀：《大方廣佛華嚴經隨疏演義鈔》，卷 86，《大正藏》，第 36 冊，頁 672a。

❼❶　參閱《般舟三昧經》，卷 1，《大正藏》，第 13 冊，頁 905a。

❼❷　宋·永明延壽：《萬善同歸集》，卷 1，《大正藏》，第 48 冊，頁 967a–967b。

❼❸　參閱《大佛頂如來密因修證了義諸菩薩萬行首楞嚴經》，卷 5，《大正藏》，第 19 冊，頁 128b。

已。觀其自證無生法忍，則念佛心不可單約事相而解。念存
三觀，佛具三身，心破三惑，無生忍位，乃可入焉。」❼❺ 又如
《彌陀經》云：「執持名號，至一心不亂。」❼❻ 淨覺曰：「一心
不亂，例前妙觀，同名正受，即定心定善也。據往人之論，
則有理事。若達此心四性不生，與空慧相應，是理一心。若
用心存念，念念不間，名事一心也。」❼❼ 真歇亦曰：「一心不
亂，兼含理事。若事一心，人皆可以行之。由持名號，心不
亂故。如龍得水，似虎靠山。此即《楞嚴》『憶佛念佛，現前
當來必定見佛，去佛不遠，不假方便，自得心開。』❼❽ 連攝中
下二根之義也。若理一心，亦非他法。但將阿彌陀佛四字，
做箇話頭，二六時中，直下提撕。不以有心念，不以無心念，
不以亦有亦無心念，不以非有非無心念。前後際斷，一念不
生。不涉階梯，徑超佛地。」❼❾ 余嘗評之，不以有心念等，文
有四節，可配三觀。初節配空，次節配假，第三雙離，第四
雙即。雙離雙即，可配中觀。蓋彼中觀，亦含遮照之義也。

---

❼❹　「霅川」，即下文即將提到的「淨覺」(992–1064)，北宋天台宗僧人，
　　霅川（浙江吳興縣）人，曾師事四明知禮十餘年。

❼❺　參閱宋・石芝宗曉：《樂邦文類》，卷1，《大正藏》，第47冊，頁153c。

❼❻　《佛說阿彌陀經》，卷1，《大正藏》，第12冊，頁347b。

❼❼　參閱宋・石芝宗曉：《樂邦文類》，卷1，《大正藏》，第47冊，頁153c。

❼❽　《大佛頂如來密因修證了義諸菩薩萬行首楞嚴經》，卷5，《大正藏》，
　　第19冊，頁128b。

❼❾　宋・真歇清了：《真歇清了禪師語錄》，《卍續藏經》，第124冊，頁
　　105。

合而言之，無非以修契性，顯其當處即空，全體即有，亦非空有，亦是空有。不可湊泊，不可擬議。心路絕處，即名為佛。如上略舉數條，通名憶念。而各分理事。其理念者，與圓觀同。能破三惑，能淨四土。此攝上上根也。若其事相念者，近則感同居淨，遠則可為上三土之因耳。降此以下，事相不等。如諸經所說，或一生繫念，或三月繫念，或晨朝十念，或七七日念，或十日十夜六時中念，或一日一夜不斷專念。加以深信之力，淨願之力，佛加被力，皆生極樂。又下而至於逆惡凡夫，臨終十念，亦許得生。此攝中根及下下根也。

【第七問・導讀】7-2

接下來介紹第二種修法：憶念。

「憶念」與「觀想」兩種方法互通，天如惟則禪師說「憶念者，或緣相好或持名號，皆名憶念」。這跟上文詮釋「是心作佛，是心是佛」時，指出「作佛」包括：憶念佛德、觀想佛像、持念佛名、禮佛、畫佛等，是同一理趣。

禪師引用《華嚴經》解脫長者所說的一段話，及諸家對這段話的看法，表示「憶念」可細分為「理念」和「事持」兩種。

「理念」通常配合「理一心」而言；「事持」則配合「事一心」而言。

有關理、事的觀念，是由華嚴宗學者而來。

　　華嚴宗學者把法界分為四種：一、事法界（常識上的現象世
界）；二、理法界（形而上的本體界，例如空或真如）；三、理事無
礙法界（本體與現象圓融的世界）；四、事事無礙法界（現象圓融的
世界）❽。這四種法界，唯似客觀的世界，但究竟原理乃不出
一心。此一心是法界性的一心，這「一心」的「法界」稱為
「一真法界」，而「一真法界」即是「一心的法界」，故華嚴
宗的一心是「法界的一心」❽。

　　蓮宗第八位祖師蓮池大師 (1532–1612) 曾以華嚴宗的理
事觀念撰寫一部《阿彌陀經疏鈔》，並將此觀念運用於《佛說
阿彌陀經》所提的「一心不亂」，將一心分為「理一心」及「事
一心」，說：「今謂一心不亂，有事有理。」❽又說：「事理雙
備，故同名一心，有事有理，如大本云一心繫念，正所謂一
心不亂也。」❽又蓮池除分辨理一心和事一心外，還認為執持
名號之「執持」，有事持（憶念無間）跟理持（體究無間）之別。
事持配合事一心而言，是指聞佛名號，常憶常念，字字分明，

<hr>

❽　　參閱李世傑：《華嚴哲學要義》〔臺北：佛教出版社，1978 年〕，頁
　　79–81。

❽　　參閱李世傑，前引書，頁 71–77；另可參閱唐·賢首法藏 (643–712)：
　　《華嚴一乘教義分齊章》（又名《華嚴五教章》），卷 4，《大正藏》，
　　第 45 冊，頁 499–509；唐·圭峰宗密 (780–841)：《註華嚴法界觀
　　門》，《大正藏》，第 45 冊，頁 684–692。

❽　　明·釋蓮池疏鈔、釋古德演義：《阿彌陀經疏鈔演義》〔高雄：高雄
　　淨宗學會，1994 年〕，卷 1，頁 114。

❽　　明·釋蓮池，前引書，卷 3，頁 447。

行住坐臥，唯此一念，不被貪瞋煩惱所亂。不過其程度僅是
成就了信力，尚未得慧，仍是處於伏妄的階位❽。至於理持，
它是配合理一心而言，是指更進一步的程度，此中有兩種情
形：一是能念所念無二，除了能念之心，別無所念之佛；除
了所念之佛，別無能念之心。二是能所二念，非有非無，絕
離四句，有無俱盡，言語道斷，唯此一心，契合清淨本然之
體❾。

　　蓮宗第九位祖師蕅益大師 (1599–1655) 接著對「一心不
亂」有更進一層的看法，他雖上承蓮池的「理一心」跟「事
一心」的成說，但又結合了天台宗的教法，作出不同詮釋，
他說：

> 「事持者」信有西方阿彌陀佛，而猶未達「是心作佛，是
> 心是佛」，但以決志願求生故，如子憶母，無時暫忘，名
> 為事持。
> 「理持者」信彼西方阿彌陀佛，是我心具，是我心造，即
> 以自心所具所造洪名，而為繫心之境，令不暫忘，名為理
> 持。❽

又說：

---

❽　參閱明・釋蓮池，前引書，卷 3，頁 447。
❾　參閱明・釋蓮池，前引書，卷 3，頁 449。
❽　明・釋蕅益：《阿彌陀經要解》，卷 1，《大正藏》，第 37 冊，頁 371b。

不論事持、理持，持至伏除煩惱，乃至見思先盡，皆名為
事一心。

又不論事持、理持，持至心開，見本性佛，皆名為理一心。

事一心則不為見思所亂，理一心則不為二邊所亂。

不為見思所亂，故感變化身佛及諸聖眾現在其前，心不復
起娑婆界中三有顛倒，即得往生「同居」、「方便」二種極
樂世界。

不為二邊所亂，故感受用身佛及諸聖眾現在其前，心不復
起生死涅槃二見顛倒，即得往生「實報」、「寂光」二種極
樂世界。 ❽

又說：

若執持名號，未斷見思者，隨其或散或定，自於「同居土」
中分三輩九品。

若執持名號，至於事一心不亂，見思任運先落者，則生「方
便有餘淨土」。

若執持名號，至於理一心不亂，豁破無明一品乃至四十一
品，則生「實報莊嚴淨土」，亦名「分證常寂光土」。

若無明斷盡，則是「上上實報」，亦是「究竟寂光」也。 ❽❽

上文所引蕅益大師的說法，在第一段已清楚地告訴我們

---

❽　同上，頁 317b–c。

❽❽　同上，頁 365a。

何謂「事持」、「理持」？在第二段告訴我們「事持」、「理持」與「事一心」、「理一心」的關係，以及證得「事一心」、「理一心」各往生何種淨土？在第三段告訴我們執持名號達致「事一心」、「理一心」的不同情況如何？這些說法以天台宗的教說為主，因此天如惟則禪師所引用的天台宗各大師的說法，皆可在蕅益這裡找到註腳。

　　除蕅益大師的說法外，著有《淨土生無生論》的幽溪傳燈大師（生卒年不詳）的說法亦值得一提，他說：

> 一心不亂，有事一心，理一心。
>
> 若口稱佛名，繫心在緣，聲聲相續，心心不亂。設心緣外境，攝之令還，此須生決定心，斷後際念，撥棄世事，放下緣心，使此念心漸漸增長，從漸至久，自少至多。若一日二日，乃至七日，畢竟要成一心不亂而後已。此事一心也。
>
> 若理一心者，此無他法，但於事一心中，念念了達能念之心，所念之佛。三際平等，十方互融，非空非有，非自非他，無去無來，不生不滅，現前一念之心，便是未來淨土之際。念而無念，無念而念；無生而生，生而無生。於無可念中，熾然而念；於無生中，熾然求生，是為事一心中明理一心也。⑧⑨

---

⑧⑨　明‧幽溪傳燈：《淨土法語》，收錄釋蕅益選定、釋印光編訂：《淨土十要》第九要附錄，頁431–432。

就口稱佛名的方法來說，須將心緊繫在聲緣之上，令心不亂。
假設心被外境牽引而去，須隨之收攝回來，使之繼續緣於佛
名及自己的念佛聲之上。這樣的念法必須毅力堅定，截斷前
際與後際。前際指過去，後際指未來，故須把握住現前一念，
把一切世緣全部放下，使此念心逐漸堅固，定心逐漸加長，
最終成就一心不亂。這就是事一心。

　　至於理一心，是站在事一心的基礎上，達到能念之心跟
所念之佛，皆泯滅空寂，不來不去，不生不滅，進入「念而
無念，無念而念；無生而生，生而無生」的境界。這裡須特
別注意的是，理一心須以事一心為基礎，這是常法，修證之
軌轍大抵如是。雖然，上上根器的人可以於證得事一心的同
時證入理一心，但這種人畢竟少之又少，鳳毛麟角，可遇不
可求。對一般人而言，先證得事一心，絕對是修持淨土法門
的正確途徑，也是首要致力之處。

　　從上述蓮池、蕅益及傳燈三位大師的說法，我們便可以
理解天如惟則禪師引用真歇清了禪師所云：「一心不亂，兼含
理事。若事一心，人皆可以行之。由持名號，心不亂故。如
龍得水，似虎靠山。此即《楞嚴》『憶佛念佛，現前當來必定
見佛，去佛不遠，不假方便，自得心開。』連攝中下二根之義
也。若理一心，亦非他法。但將阿彌陀佛四字，做箇話頭，
二六時中，直下提撕。不以有心念，不以無心念，不以亦有
亦無心念，不以非有非無心念。前後際斷，一念不生。不涉
階梯，徑超佛地。」這裡所謂的「話頭」本指開場白、打開話

題的言談；而在禪宗公案裡常使用一個字或一句話令學人參
究而稱為「話頭」。例如，問：「狗子還有佛性也無?」答：「無!」
此一對話就是一則公案，而「無」字便是話頭；進而言之，
參禪時對公案之話頭下工夫，稱為參話頭。須特別指出的是，
禪宗學人流行一種「看話念佛」的公案，通常以「阿彌陀佛」，
或「念佛者是誰」為公案，拈提參究，以求開悟，這屬於「看
話禪」的一種，又稱「參究念佛」、「念佛公案」，真歇清了禪
師指的就是這種。

　　另外，天如惟則禪師引用諸經的說法，提出一生繫念、
三月繫念、晨朝十念、七七日念、十日十夜六時中念、一日
一夜不斷專念等，在此特引用慈雲懺主遵式 (964–1032)〈依
修多羅立往生正信偈〉一小節❾，作為補充說明：

住大乘者清淨心	十念念彼無量壽	臨終夢佛定往生	大寶積經如是說
五逆地獄眾火現	值善知識發猛心	十念稱佛即往生	十六觀經如是說
若有歡喜信樂心	下至十念即往生	若不爾者不成佛	四十八願如是說
諸有聞名生至心	一念迴向即往生	唯除五逆謗正法	無量壽經如是說
臨終不能觀及念	但作生意知有佛	此人氣絕即往生	大法鼓經如是說
一日一夜懸繒蓋	專念往生心不斷	臥中夢佛即往生	無量壽經如是說
晝夜一日稱佛名	懇懃精進不斷絕	展轉相勸同往生	大悲經中如是說
一日二日至七日	執持名號心不亂	佛現其前即往生	阿彌陀經如是說
若人聞彼阿彌陀	一日二日若過等	繫念現前即往生	般舟經中如是說

❾　宋‧石芝宗曉：《樂邦文類》，卷5，《大正藏》，第47冊，頁215c–216a。

一日一夜六時中	五體禮佛念不斷	現見彼佛即往生	鼓音王經如是說
十日十夜持齋戒	縣繒旛蓋然香燈	繫念不斷得往生	大彌陀經如是說
若人專念一方佛	或行或坐七七日	現身見佛即往生	大集經中如是說
若人自誓常經行	九十日中不坐臥	三昧中見阿彌陀	佛立經中如是說
若人端坐正西向	九十日中常念佛	能成三昧生佛前	文殊般若如是說

此偈攝要各經往生說法，在平淡的字句裡，寓含各經所述之要旨，筆觸明晰，句句精警，實為上乘之作，讀者如能默記，對淨土法門亦可算略知一二。

【第七問·原典】7-3

　　三曰「眾行」者，如《華嚴經》普賢菩薩勸進善財童子、海會大眾，發十大願。一者禮敬諸佛；二者稱讚如來；三者廣修供養；四者懺悔業障；五者隨喜功德；六者請轉法輪；七者請佛住世；八者常隨佛學；九者恆順眾生；十者普皆回向❾❶。其一一願皆云：「虛空界盡，眾生界盡，眾生業盡，眾生煩惱盡，我願乃盡。而虛空界乃至眾生業煩惱不可盡故，我此願王無有窮盡。念念相續，無有間斷。身語意業，無有疲厭。至臨命終時，最後剎那一切諸根，悉皆散壞。一切威勢，悉皆退失。輔相大臣，宮殿內外，象馬車乘，珍寶伏藏，無復相隨。唯此願王，不相捨離。於一切時，引導其前。一剎那間，即得往生極樂世界。到已，即見阿彌陀佛。其人自

---

❾❶　《大方廣佛華嚴經》，卷39，《大正藏》，第10冊，頁844b。

見生蓮華中，蒙佛授記。得授記已，經無數劫，普於十方不可說不可說世界，以智慧力，隨眾生心而為利益。乃至能於煩惱大苦海中，拔濟眾生，令其出離，皆得往生極樂世界。」❷

又如《法華經》云：「聞是經典，如說修行。於此命終，即往極樂世界阿彌陀佛大菩薩眾圍繞住處，生蓮華中，寶座之上。不復為貪欲所惱，亦復不為瞋恚愚癡所惱，亦復不為憍慢嫉妒諸垢所惱。得菩薩神通，無生法忍。」❸又如《大寶積經》發十種心，往生極樂。佛告彌勒，如是十心，非諸凡愚不善丈夫具煩惱者之所能發。何者為十？一者於諸眾生，起於大慈，無損害心；二者於諸眾生，起於大悲，無逼惱心；三者於佛正法，不惜身命，樂守護心；四者於一切法，發生勝忍，無執著心；五者不貪利養，恭敬尊重，淨意樂心；六者求佛種智，於一切時，無忘失心；七者於諸眾生，尊重恭敬，無下劣心；八者不著世論，於菩提分，生決定心；九者種諸善根，無有雜染，清淨之心；十者於諸如來，捨離諸相，起隨念心。是名菩薩發十種心。由是心故，當得往生。若人於此十心，隨成一心，樂欲往生彼佛世界，若不得生，無有是處。」❹

又如《觀經》云：「欲生彼國者，當修三福。一者孝養父母，奉事師長，慈心不殺，修十善業；二者受持三歸，具足眾戒，不犯威儀；三者發菩提心，深信因果，讀誦大乘，勸進行者。

---

❷　參閱《大方廣佛華嚴經》，卷40，《大正藏》，第10冊，頁844c–846c。

❸　《妙法蓮華經》，卷6，《大正藏》，第9冊，頁54c。

❹　《大寶積經》，卷92，《大正藏》，第11冊，頁528b。

此三種業，過去未來現在諸佛，淨業正因。」❾《疏》曰：「初
業共凡夫，次業共二乘，後業乃大乘不共之法也。」❾又如大
本❾，三輩發菩提心，及諸經論所明誦經持咒，建塔造像，
禮拜讚頌，奉持齋戒，燒香散花，懸繒幡蓋。凡一行一事，
足以求生者，資之以信願回向之力，無不生也。❾如上泛引，
通名眾行。然願行既有大小之不等，而又各有理事之不同。
且如《華嚴》十願，《寶積》十心之類，生於極樂者，其所感
依正之勝，及所見之佛，所聞之法，較諸小行常流，應必懸
異也。」

【第七問・導讀】7-3

以下接著介紹第三種修法：「眾行」。

天如惟則禪師引用《華嚴經》普賢菩薩發的十大願、《大
寶積經》的發十種心、《觀無量壽佛經》的修三福，及《無量
壽經》的三輩往生者皆須發菩提心等，說明「眾行」的意義。

在《四十華嚴》❾裡普賢菩薩稱歎如來的妙勝功德，告

---

❾　《佛說觀無量壽佛經》，卷1，《大正藏》，第12冊，頁341c。

❾　隋・天台智顗：《觀無量壽佛經疏》，卷1，《大正藏》，第37冊，頁
　　191a。

❾　「大本」，指《無量壽經》。天台宗將淨土三經的《無量壽經》稱為
　　大本，將《阿彌陀經》稱為小本。

❾　參閱《佛說無量壽經》，卷1，《大正藏》，第12冊，頁272b。

❾　《四十華嚴》，是《華嚴經》三種譯本的其中一種。唐朝般若三藏

知其他菩薩及善財童子說，「假使十方一切諸佛經，不可說不可說佛剎極微塵數劫，相續演說不可窮盡。若欲成就此功德門，應修十種廣大行願。」何謂「十大行願」？其內容如下：

一、禮敬諸佛。

二、稱讚如來。

三、廣修供養。

四、懺悔業障。

五、隨喜功德。

六、請轉法輪。

七、請佛住世。

八、常隨佛學。

九、恆順眾生。

十、普皆迴向。❿

當普賢菩薩一一闡述這十大行願的內容後，表示如依行願而修持，所獲福聚無量無邊，而且能於煩惱大苦海中拔濟眾生，令其出離，皆得往生阿彌陀佛極樂世界❿。接著普賢菩薩說出一長偈，其中有云：

　　願我臨欲命終時，盡除一切諸障礙。

於貞元十二年 (796) 譯出，因此又稱《貞元經》。此經是八十卷的《華嚴經》（新譯）和六十卷的《華嚴經》（舊譯）裡〈入法界品〉的別譯，內容記述善財童子歷參五十三位善知識，成就普賢行願之經過。

❿　《大方廣佛華嚴經》，卷 40，《大正藏》，第 10 冊，頁 844b。

❿　同上，頁 846c。

　　面見彼佛阿彌陀，即得往生安樂剎。

　　我既往生彼國已，現前成就此大願。

　　一切圓滿盡無餘，利樂一切眾生界。

　　彼佛眾會咸清淨，我時於勝蓮華生。

　　親睹如來無量光，現前授我菩提記。

　　蒙彼如來授記已，化身無數百俱胝。

　　智力廣大遍十方，普利一切眾生界。 ⑩

　　許多古代大德因這段內容，指出普賢菩薩以「十大願王」
引導眾生歸向極樂，將淨土法門推至最高點。

　　印光大師說：「〈普賢行願品〉以十大願王導歸極樂，普
勸善財及華藏海眾一致進行，迴向往生西方極樂世界，以期
圓滿佛果，而為《華嚴》一經之歸宿。是知此一卷經大開淨
土法門，實為十方三世一切諸佛，上成佛道，下化眾生，成
始成終之總持法門。」⑩ 換言之，淨土法門不可看得太輕，因
為法身大士如觀音、勢至、文殊、普賢等，皆不能出此法門
之外。但是，也不可看得太難，因為凡有心者皆堪作佛，只
要能執持阿彌陀佛萬德洪名，則往生一事，如操左券。

　　雖有人不贊同淨土法門至廣至大，至簡至易，但印光大
師說：「淨土法門乃即淺即深，即權即實之法門。……以其為
十方三世一切諸佛，上成佛道，下化眾生，成始成終之總持

---

⑩　同上，頁 848a。

⑩　《印光大師全集》，第二冊，〈重修峨眉山志序〉，頁 1179。

法門故也。儻以此語為失當者，請質之勸發十大願王導歸極
樂之普賢菩薩焉！」❿

　　如果真能體會淨土法門的殊勝，一如〈普賢行願品〉最
後歸宗於往生西方極樂淨土，那麼，禪、教各派之善知識便
不會以淨土法門為權小方便，非究竟之道。

　　在《大寶積經》裡佛告訴彌勒菩薩，假若有眾生發十種
心，隨此十種心專念阿彌陀佛，此人在命終時，必可往生極
樂世界。經文說：

　　佛告彌勒，如是十心，非諸凡愚不善丈夫具煩惱者之所能
　　發。何者為十？
　　一者於諸眾生，起於大慈，無損害心；
　　二者於諸眾生，起於大悲，無逼惱心；
　　三者於佛正法，不惜身命，樂守護心；
　　四者於一切法，發生勝忍，無執著心；
　　五者不貪利養，恭敬尊重，淨意樂心；
　　六者求佛種智，於一切時，無忘失心；
　　七者於諸眾生，尊重恭敬，無下劣心；
　　八者不著世論，於菩提分，生決定心；
　　九者種諸善根，無有雜染，清淨之心；
　　十者於諸如來，捨離諸相，起隨念心。
　　彌勒，是名菩薩發十種心。由是心故，當得往生阿彌陀佛

❿　《印光大師全集》，第二冊，〈念佛三昧寶王論疏序〉，頁1158。

> 極樂世界。彌勒，若人於此十種心中，隨成一心，樂欲往
> 生彼佛世界，若不得生，無有是處。 [105]

《大寶積經》這十種心，又稱作念佛十心，是念佛法門極為
重要的修持方式，但可惜的是，少為人提倡。這裡提到只要
圓滿任何一心，想要往生極樂世界便可隨意往生，而不須要
圓具十種心才可往生。這對修持淨土法門的行者來說，是何
等的重要啊！

《觀無量壽佛經》裡垂訓修持淨土法門的行者，應該修
三種福：

> 欲生彼國者，當修三福。
>
> 一者孝養父母，奉事師長，慈心不殺，修十善業；
>
> 二者受持三歸，具足眾戒，不犯威儀；
>
> 三者發菩提心，深信因果，讀誦大乘，勸進行者。
>
> 如此三事名為淨業。佛告韋提希，汝今知不，此三種業乃
> 是過去未來現在，三世諸佛淨業正因。 [106]

三福是指「世福」、「戒福」、「行福」。想往生極樂淨土的
行者，須修持這三種淨業，才有可能往生。「世福」又叫做「世
善」，是世間法裡大家須共同踐行的善行，如第一條所言；「戒
福」又叫做「戒善」，是修持聲聞、緣覺、大乘等三乘的眾生

---

[105] 《大寶積經》，卷92，《大正藏》，第11冊，頁528b–c。

[106] 《佛說觀無量壽佛經》，卷1，《大正藏》，第12冊，頁341c。

所須共同踐行的善行，如第二條所言；「行福」又叫做「行善」，是修持大乘的眾生所須踐行的善行，如第三條所言。這三種福德，是過去、未來、現在三世諸佛，成佛的淨業正因。可是目前很多修習淨土法門的行者，不知這項要義，而捨棄此「正因」。

《無量壽經》裡述及三輩往生者皆須發菩提心，三輩指往生的三種類型的眾生，分為「上輩」、「中輩」、「下輩」，經文說：

> 上輩者，捨家棄欲而作沙門，發菩提心，一向專念無量壽佛，修諸功德願生彼國。
>
> 中輩者，十方世界諸天人民，其有至心，願生彼國，雖不能行作沙門，大修功德，當發無上菩提之心，一向專念無量壽佛，多少修善，奉持齋戒，起立塔像，飯食沙門，懸繒然燈，散華燒香。以此迴向，願生彼國。
>
> 下輩者，十方世界諸天人民，其有至心，欲生彼國，假使不能作諸功德，當發無上菩提之心，一向專意乃至十念，念無量壽佛，願生其國。若聞深法，歡喜信樂，不生疑惑，乃至一念，念於彼佛，以至誠心願生其國。[107]

無論是上輩、中輩或下輩，想往生西方極樂世界的行者都須發菩提心。菩提心是自利利他之心，願生西方的行者須以菩提心為本。蓮宗第十一位祖師省庵大師 (1686-1734) 在

---

[107] 《佛說無量壽經》，卷2，《大正藏》，第12冊，頁272b–c。

其《勸發菩提心文》說：「嘗聞入道要門，發心為首。修行急務，立願居先。願立，則眾生可度；心發，則佛道堪成。苟不發廣大心，立堅固願，則縱經塵劫，依然還在輪迴。雖有修行，總是徒勞辛苦。故《華嚴經》云『忘失菩提心，修諸善法，是名魔業。』」❿可見發菩提心是何等的重要。

古德說：「少作惡，就是善。」

可是，平時多做善，不見得是好，因為《華嚴經》說：「忘失菩提心，修諸善根，是為魔業。」⓭善惡業的判定在於是否發菩提心，如欲出離生死，而離卻此點，所做善業，終成惡業。

發菩提心可強化行者的信心，去除傲慢。

信心與傲慢不同，信心來自於菩提心，傲慢來自於誇張妄語。

菩提心是無緣慈、同體悲。發此心的大乘行者，其心是火熱的，但表面或表情是冷淡的，與一般表面火熱，而內心冷淡者恰好相反。

娑婆不淨，立誓欲淨此土，此時本心已淨；

娑婆不淨，極欲逃避，此時本心已染。

淨、染之間，在於菩提心之有無。

所以，求生極樂國土，跟隨三聖修學，為的是倒駕慈航，

❿　清・釋省庵：《勸發菩提心文》，收入釋蕅益選定、釋印光編訂：《淨土十要》第九要附錄，頁435。

⓭　《大方廣佛華嚴經》，卷42，《大正藏》，第9冊，頁663a。

迴向娑婆。否則，盡失淨土法門之意義，也枉費阿彌陀佛的大悲本願。

有一則對話供參考：

弟子問師父：「怎麼我念佛都沒感應呢？師父！」

師父問：「你現在口渴嗎？請喝杯水。」

弟子：「我不渴，謝謝師父。」

師父：「所以你現在不想喝水。」

弟子：「是的，師父。」

師父：「回去。阿彌陀佛，阿彌陀佛地念下去。」

弟子：「我就是這樣的啊！」

師父：「回去！」師父喝斥他。

一個月之後，弟子又來問師父：「還是沒有啊！」

師父：「沒有什麼？」

弟子：「感應！」

師父：「你出離心不足。」

弟子：「弟子不懂？」

師父：「真為生死，發菩提心，以深信願，持佛名號。」

弟子：「這不是徹悟禪師的話？」

師父：「誰的話不要緊，照著做就是。」

一個月之後，弟子又來見師父，說：「師父，有沒有感應已不重要，我現在懂了。」

師父：「是嗎？」

弟子：「是啊！只要『真為生死，發菩提心，以深信願，

持佛名號』就對啦！其他可以不管。」

師父點點頭，說：「嗯！孺子可教也。不過，你只懂一半。」

弟子本來滿是歡喜，聽到師父如此說，一下子愣住了。

弟子：「為什麼，師父？」

師父：「其他可以不管嗎？」

弟子：「一心念佛就可以嘛。」

師父：「一心念佛就可以其他不管嗎？」

弟子答不上來。

師父：「念佛就是管了。如果真能一心念佛，什麼都已管了。」

弟子反駁：「這不是跟我講的意思一樣嗎？師父。」

師父反問：「一樣嗎？」

可見發菩提心的信念不是那麼容易把握，省庵大師說：「菩提心，諸善中王，必有因緣，方得發起。」❿接著舉出十種發菩提心的因緣。足見，不可小看發菩提心此事，亦不可不重視發菩提心。

蓮宗第十二位祖師徹悟大師 (1740-1810) 的名言：「真為生死，發菩提心，以深信願，持佛名號」⓫，是上述對話的關鍵處，徹悟大師指出「發菩提心」的意思：「我有生死，我求出離，而一切眾生，皆有生死，皆應出離。彼等與我，本

---

❿　清・釋省庵：《勸發菩提心文》，頁 436。

⓫　清・釋徹悟：《徹悟禪師語錄》，收入釋蕅益選定、釋印光編訂：《淨土十要》第十要附錄，頁 597。

同一體，皆是多生父母，未來諸佛。若不念普度，唯求自利，則於理有所虧，心有未安。況大心不發，則外不能感通諸佛，內不能契合本性；上不能圓成佛道，下不能廣利群生。無始恩愛，何以解脫；無始怨愆，何以解釋。積劫罪業，難以懺除；積劫善根，難以成熟。隨所修行，多諸障緣，縱有所成，終墮偏小。故須稱性，發大菩提心。」❷

因此，淨業行者須時時觀照己心，檢示自己的菩提心有無退失。菩提心是正念正受的依止處，尤其初學菩薩已發阿耨多羅三藐三菩提心，更應當時時觀照，不令退失。

發菩提心是為了自利利他，亦是修習大乘法門的行者所必備。

眾生歡喜，即是諸佛歡喜。

供養眾生，即是供養諸佛。

念佛不是為了媚佛佞佛，而是為了供養眾生。

往生不是為了戀棧淨土，而是為了利他而往。

未發菩提心的人，應該馬上發心；

已發菩提心的人，應該增長此心；

不可畏難而退怯，不可視易而輕浮；

不可欲速而不久長，不可懈怠而無勇猛；

不可因愚鈍而一向無心，不可因根淺而自鄙無分。

如想瀟灑自如地走在修行的道路上，請發菩提心吧！

---

❷　同上，頁598。

【第八問·原典】

問曰:「吾聞善財童子圓頓利根,一生取辦。今乃不生華藏,而勸生極樂,此何意耶?」

答曰:「《華嚴疏》❶❶❸中,自有此問。彼所答云:『有緣故、歸憑情一故、不離華藏故、即本師故。謂華藏中所有佛剎,皆微塵數。極樂去此十萬億土,並未出於剎種之中,故不離也。經云:「或有見佛無量壽,觀自在等共圍繞。」❶❶❹此讚遮那,隨名異化,故即本師也。又曰: 普賢為善財海眾,結歸極樂者。蓋為信解圓宗之人,入文殊智,修普賢行。福慧事理,皆稱法界。此大心人,雖妙悟本明,頓同諸聖。然猶力用未充,未及如來出世普利眾生。所以暫依淨土,親近彌陀,直至成佛,意在此也。』」❶❶❺

【第八問·導讀】

根據舊譯《華嚴經·入法界品》卷 45 記載,善財童子是福城長者的兒子,當他入母胎及出生時,曾有種種珍寶自然

---

❶❶❸　唐代澄觀大師 (738–839) 所撰,又稱《貞元華嚴經疏》、《華嚴經普賢行願品疏》、《華嚴經行願品疏》,略稱《貞元疏》、《行願品疏》,收於《卍續藏經》第 7 冊。本疏主要敘述《四十華嚴經》之綱要,並解釋其文義。

❶❶❹　《大方廣佛華嚴經》,卷 80,《大正藏》,第 10 冊,頁 443a。

❶❶❺　以上回答,參閱《樂邦文類》,卷 1,《大正藏》,第 47 冊,頁 159b–159c。

湧現，因此取名為「善財」。他曾受文殊師利菩薩的教誨，遍遊南方諸國，參訪五十三位善知識而證入法界。

　　此外，「華藏」指「華藏世界」，此處是就釋迦牟尼佛的果報而說，例如唐譯《華嚴經》卷 8 記載：「爾時普賢菩薩復告大眾言：諸佛子！此華藏莊嚴世界海是毘盧遮那如來，往昔於世界海微塵數劫修菩薩行時，一一劫中親近世界海微塵數佛，一一佛所淨修世界海微塵數大願之所嚴淨。」❶❻其實「華藏世界」的說法共通於諸佛，凡報身佛的淨土具足十八種圓滿中的「依持圓滿」，即是蓮華藏世界。因此，阿彌陀佛的極樂世界亦可說是華藏世界。例如《祕藏記鈔》卷 6 云：「天親《淨土論》，極樂國土名華藏世界，是其證也。以蓮華成國土，故云華藏。受最上妙樂，故曰極樂，是一處異名也。」這裡所指的天親即是世親，其《淨土論》（又名《無量壽經優波提舍》）云：「入第三門者，以一心專念作願生彼，修奢摩他寂靜三昧行故，得入蓮華藏世界。」❶❼

　　此問答表明《華嚴經》是如來初成正覺，稱性直談的一乘妙法，此妙法針對十住、十行、十迴向、十地、等覺，四十一位法身大士而說，他們沒有一位是凡夫或二乘，都是已破無明、證法性，信解圓宗的人。他們因遵循普賢菩薩所說的十大願王而迴向往生西方極樂世界，以期圓滿佛果。在華藏世界海中有無量的淨土，他們卻迴向往生西方極樂世界，

---

❶❻　《大正藏》，第 10 冊，頁 39a。

❶❼　《大正藏》，第 26 冊，頁 233a。

可知往生極樂乃出苦之玄門，成佛之捷徑。更因此而可以肯定：

　　淨土法門，其大無外；

　　三根普被，利鈍全收。

　　九界眾生，捨此則上無以圓成佛道；

　　十方諸佛，離此則下無以普度群萌。

　　一切法門，無不從此法界流；

　　一切行門，無不還歸此法界。

【第九問·原典】

　　問曰：「眾行門中，既云大小不等，理事有殊；所感生相，亦乃懸異。然則觀想、憶念二門，修各不等。其所感相，同耶異耶？」

　　答曰：「皆不同也。故永明曰『九品往生，事非一等。或遊化國，見佛應身；或生報土，見佛真體；或一夕，而便登上地；或經劫，而方證小乘；或利根、鈍根；或定意、散意；或道悟遲速，而機器不同；或花開早晚，而時限有異。』❶ 又慈雲曰：『雖分九品，猶是略分。若更細分，亦應無量。』」

---

❶ 參閱宋·永明延壽：《萬善同歸集》，卷 1，《大正藏》，第 48 冊，頁968b。

【第九問·導讀】

　　修持淨土法門的行者如果功行不同，往生品位相對不同。在《觀經》裡提到上品上生、上品中生、上品下生；中品上生、中品中生、中品下生；下品上生、下品中生、下品下生，共九個等次。但這只是佛陀粗略地宣說，如要細分，其品位應該是無量的。理由很簡單，各人根機深淺不一，修持時各自所注重的都不盡相同，情況有百千萬種，因此所入的品位也有百千萬種。至於佛陀粗略地宣說九品，是因為細說的話，即使窮盡百千萬劫，亦無法說解完全，因之約略地劃分九個品位，令我們知道修持功行的深淺會影響往生的品位高低。以下簡述《觀經》九品往生的情形：

　　一、【上品上生】：此類眾生，須發「至誠心」、「深心」、「迴向發願心」等三心；並修「慈心不殺，具諸戒律」、「讀誦大乘方等經典」、「修行六念」等三業，迴向發願往生。行者臨命終時，阿彌陀佛放大光明遍照行者，觀世音菩薩執金剛臺，跟大勢至菩薩到行者面前，與諸菩薩授手迎接行者。行者自見身乘金剛臺，隨從佛後，如彈指頃，往生彼國。

　　二、【上品中生】：此類眾生，雖不必受持讀誦方等經典，善解義趣，但於第一義心不驚動，深信因果，不謗大乘。以此功德，迴向願求生極樂國。行者臨命終時，阿彌陀佛與觀世音及大勢至，無量大眾眷屬圍繞，持

紫金臺至行者前，行者自見坐紫金臺，合掌叉手讚歎
諸佛，如一念頃，即生彼國七寶池中。

三、【上品下生】：此類眾生，亦信因果，不謗大乘，發
無上道心。以此功德，迴向願求生極樂國。行者臨命
終時，阿彌陀佛及觀世音、大勢至，與諸眷屬持金蓮
華，化作五百化佛來迎此人。此人自見身坐金蓮華，
坐已華合，隨世尊後，即得往生七寶池中。

四、【中品上生】：此類眾生，受持五戒，持八戒齋，修
行諸戒，不造五逆，無眾過惡。以此善根，迴向願求
生於西方極樂世界。行者臨命終時，阿彌陀佛與諸比
丘眷屬圍繞，放金色光到此人的居所，行者見到之後，
心大歡喜，並自見己身坐蓮華臺，長跪合掌，為佛作
禮，未舉頭頃，即得往生極樂世界。

五、【中品中生】：此類眾生，一日一夜，持八戒齋，或
一日一夜持沙彌戒，或一日一夜持具足戒，威儀無缺，
以此功德，迴向願求生極樂國。行者臨命終時，見阿
彌陀佛與諸眷屬放金色光，持七寶蓮華至行者面前，
行者自見坐蓮華上，蓮華即合，生於西方極樂世界。

六、【中品下生】：此類眾生，孝養父母，行世仁義，此
人臨命終時遇善知識，為其廣說阿彌陀佛國土樂事，
及法藏比丘四十八大願，聞此事已尋即命終，生西方
極樂世界。

七、【下品上生】：此類眾生，作眾惡業，雖不誹謗方等

經典，但如此愚人多造惡法，無有慚愧，臨命終時，遇善知識，為其讚頌大乘十二部經題，因聽聞如是諸經名，除卻千劫極重惡業。智者復教合掌叉手，稱南無阿彌陀佛，因稱佛名，除卻五十億劫生死重罪。此時彼佛即遣化佛、化觀世音、化大勢至，至行者前，來迎接行者。行者見化佛光明遍滿其室，見已歡喜，即便命終，乘寶蓮華，隨化佛後，生寶池中。

八、【下品中生】：此類眾生曾毀犯五戒、八戒及具足戒，偷僧祇物，盜現前僧物，不淨說法，無有慚愧，以諸惡法而自莊嚴，如此罪人，以惡業故，應墮地獄。臨命終時，地獄眾火一時俱至，遇到善知識為其讚頌阿彌陀佛十力威德、佛光明神力、戒定慧解脫知見，除卻八十億劫生死重罪，地獄猛火，化為涼風，吹諸天華，華上皆有化佛菩薩來迎接，如一念頃，即得往生七寶池中蓮華之內。

九、【下品下生】：此類眾生，作不善業，五逆十惡，具諸不善。如此愚人，應墮惡道，經歷多劫，受苦無窮。臨命終時，遇善知識種種安慰，為說妙法，教令念佛。彼人苦逼，不遑念佛，善友告言，汝若不能念彼佛者，應稱歸命無量壽佛，如是至心，令聲不絕，具足十念，稱南無阿彌陀佛。稱佛名故，於念念中，除八十億劫生死之罪。命終之時，見金蓮華，猶如日輪，住其人前。 ⑲

就上所言，對佛菩薩來迎時行者所乘坐之蓮臺，作一整理如下：

上品上生：金剛臺

上品中生：紫金臺

上品下生：金蓮華

中品上生：蓮華臺

中品中生：七寶蓮華

中品下生：經文沒有明示

下品上生：寶蓮華

下品中生：蓮華

下品下生：金蓮華

須注意有兩點：一、中品下生於經文沒有明示；二、上品下生跟下品上生所乘蓮臺同是金蓮華，或許名稱一樣，但感得之果報不同。

另外，值得提出說明的是：邊地。

此類眾生以疑惑心修諸功德，死後受生於極樂淨土之邊地，五百歲中不得見聞三寶。據《無量壽經》記載，若人以疑惑心修諸功德，願生彼國，雖因不能明瞭佛智、不思議智等，對於這種智慧疑惑不信，但仍相信罪福，修習善本，願生其國，此類眾生生於邊地之宮殿中，五百歲不能見佛，不聞經法，亦不見菩薩、聲聞聖眾❶❷⓿。

---

❶❶❾　以上參閱《佛說觀無量壽佛經》，卷1，《大正藏》，第12冊，頁344 c–346a。

　　又根據《大阿彌陀經》記載，此類眾生奉行施與，然後又後悔而生懷疑，暫信暫不信，意志猶豫，臨命終時不能至阿彌陀佛處，只見彌陀邊界之七寶宮殿，遂以歡喜心止住城內，凡城中快樂皆如第二忉利天。但不得見佛、聞經及見諸比丘僧，等到留此邊胎五百歲後，才能到阿彌陀佛所，而漸得智慧開明❷。

　　修持淨土法門須要絕對信，半信半疑，或是暫信暫不信，容易墮入邊地，經過五百歲（不是以人類的時間觀來計算）才能見到佛，這實在是得不償失。

　　許多人都想要改變自己，但缺乏獨立意志，常常半途而廢，無法強化意志，使得修行成為不可能實現的事。其實，修行不是件很難的事，「千里之台，始於足下」，信守自己初發心時的承諾，一點一滴地實踐，成功將是指日可待。不怕困難，持之以恆，是成功的不二法門。唯有恆心，才能走過荊天棘地，才能闢出成功的小徑。古云：戶樞因為常用，所以不蠹；溪水因為常流，所以不腐；小徑因為常走，所以不塞。每一個人都能成為聖賢之士，聖與凡的分際，就在於有無恆心與毅力。

---

❷　參閱《佛說無量壽經》，卷 2，《大正藏》，第 12 冊，頁 278a。

❷　參閱《佛說大阿彌陀經》，卷 2，《大正藏》，第 12 冊，頁 339a。

【第十問・原典】

問曰：「極樂只是同居，本非實報。何謂或生報土，見佛真體耶?」

答曰：「你將謂同居之外，別有實報耶！當知三土，不離同居。特身境受用，遞遞不相同耳。如經云：『彌陀佛身高六十萬億那由他恆河沙由旬』❿等，古師曰：『此實報身也。』又雪川曰：『極樂國土，四土不同，豈但極樂為然。』荊溪云：『直觀此土，四土具足。如當時華嚴海會，不離逝多林❿。而諸大聲聞，不知不見，即此類也。』❿」

【第十問・導讀】

極樂世界雖分四土，實則凡聖同居土亦具足其他三種土的依正莊嚴，但因往生的人所感淨業的程度不同，而無法感得其他三土的果報，好比天如惟則禪師所言：「當知三土，不離同居。特身境受用，遞遞不相同耳。」因之，即使娑婆世界

---

❿ 《佛說觀無量壽佛經》，卷 1，《大正藏》，第 12 冊，頁 343b。

❿ 佛陀分別在七個地方演說《華嚴經》，而第七處則為逝多林之給孤獨園，此時佛陀演說入法界法門。

❿ 參閱唐・釋湛然（荊溪尊者，711–782）：《法華文句記》，卷 10，《大正藏》，第 34 冊，頁 355b；宋・釋志磐（生卒年不詳）：《佛祖統紀》，卷 15，《大正藏》，第 49 冊，頁 227a；宋・石芝宗曉：《樂邦文類》，卷 1，《大正藏》，第 47 冊，頁 159c。

亦然如此，此土雖然也屬凡聖同居土，但眾生因業力緣故，無法感得其他三土的依報及正報的莊嚴。荊溪尊者舉出華嚴海會亦然不離逝多林，然而已證得大阿羅漢的聲聞聖仍不知不覺，見不到此盛會。這亦說明眾生業感不同，雖處於相同的環境，卻有不同的感受。此問可與第五、六、九問等合起來參閱。

【第十一問・原典】

問曰：「既云此土四土具足，只消就此展轉修行，反欲捨此而生彼國，何耶？」

答曰：「此方雖具四土，奈何穢業難除。夫欲捨穢取淨，勢須彼國求生。四明云：『此土濁重，十信方出苦輪。彼土境勝，九品悉皆不退。豈不聞大通佛世，受教之徒，已經塵點劫來，尚在聲聞之地。皆因退轉，故涉長時。如身子❽已證六心❾，猶自退落五道，況悠悠修行者乎。蓋由此土，多值退緣。故云：魚子菴羅華，菩薩初發心，三事因中多，及其結果少❿。若生極樂，藉彼勝緣。博地凡夫，便階不退。』❶

---

❽　「身子」，舍利弗之譯名，佛陀十大弟子之一，被譽為「智慧第一」。

❾　在十信位中，第六心以上之菩薩，不再起邪見。

❿　龍樹菩薩：《大智度論》，卷4，云：「菩薩發大心，魚子菴樹華，三事因時多，成果時甚少。」（《大正藏》，第25冊，頁88a）比喻雖然種因許多，但成熟果報的很少，表示菩薩發心者多，成佛者少。

以是之故，求生彼國也。」

🐚【第十一問·導讀】

　　不同環境造成不同的影響，環境對人的影響是無遠弗屆，在娑婆世界想「出汙泥而不染」，實非易事。況且娑婆世界是個「五濁惡世」的世界，所謂五濁指：

一、劫濁：在減劫中，人壽減至三十歲時，饑饉的災禍頻起，減至二十歲時，疾疫的災禍頻起，減至十歲時，刀兵的災禍頻起，世界上沒有眾生不受害。

二、見濁：當正法已滅，像法漸起時，邪法漸漸生起，邪見也一直增盛，使人不再修習善道。

三、煩惱濁：眾生內心有各式各樣的愛欲，慳貪鬥諍、諂曲虛誑、攝受邪法而惱亂心神。

四、眾生濁：又作有情濁，眾生有許多惡性惡習，不孝敬父母尊長、不畏惡業果報、不作功德、不修慧業、不施齋法、不持禁戒等。

五、命濁：又作壽濁，往古之世，人壽八萬歲，今時以惡業增加，人壽轉而遞減，因此壽命短促，能達百歲者非常稀少。❿

---

❷　參閱宋·四明知禮著、宋·石芝宗曉編：《四明尊者教行錄》，卷 5，《大正藏》，第 46 冊，頁 899b。

❿　參閱唐·釋道世 (?–683)：《法苑珠林》，卷 97，《大正藏》，第 53 冊，頁 1005a–b。

在這種退緣甚多的國土，新發意菩薩很難堅定其信念，彼此相互模倣，積非成是，且毫無止盡地競逐，爭名奪利，造成人類的浩劫。四明知禮指出智慧第一的舍利弗，雖已證六心，但仍曾退墮。可見促使修行者退轉的種種因緣很多，亦可說修行者的行位常因惡緣而退轉。《阿毘達磨大毘婆沙論》卷60說明阿羅漢有五種退緣：⑴多營事業；⑵樂諸戲論；⑶好和鬥諍；⑷喜涉長途；⑸身恆多病❸。因此，天如惟則禪師強調求生極樂世界是無比的重要。

　　唐代有位修持淨土的迦才大師（生卒年不詳）在其《淨土論》說：「若在娑婆穢土中，由逢五退緣，故即退。若生西方，由無五退緣，故不退也。五退緣者：一短命多病，二有女人及生染六塵，三是惡行人謂惡知識，四是不善及無記心，五常不值佛也。淨土中無此五退緣，故畢竟不退也。」❸下一個問答，更列出娑婆跟淨土兩個世界的多組強烈對比，讀了之後無不令人心動，求生西方極樂世界。

【第十二問‧原典】

　　問曰：「同居淨土，其類甚多。今偏指極樂，而又偏讚其境勝、緣勝。何耶？」

　　答曰：「經云『彼國眾生，無有眾苦，但受諸樂，故名極

---

❸　《大正藏》，第27冊，頁312b。

❸　《大正藏》，第47冊，頁87a。

樂。」❶❸❷今以娑婆對而比之：此則血肉形軀，有生皆苦；彼則
蓮華化生，無生苦也。此則時序代謝，衰老日侵；彼則寒暑
不遷，無老苦也。此則四大難調，多生病患；彼則化體香潔，
無病苦也。此則七十者稀，無常迅速；彼則壽命無量，無死
苦也。此則親情愛戀，有愛必離；彼無父母妻子，無愛別離
苦也。此則仇敵怨讎，有怨必會；彼則上善聚會，無怨憎會
苦也。此或困苦飢寒，貪求不足；彼皆衣食珍寶，受用現成。
此或醜穢形骸，根多缺陋；彼則端嚴相貌，體有光明。此則
輪轉生死；彼則永證無生。此有四趣之苦；彼無三惡之名。
此則丘陵坑坎，荊棘為林，土石諸山，穢惡充滿；彼則黃金
為地，寶樹參天，樓聳七珍，花敷四色。此則雙林❶❸❸已滅，
龍華未來❶❸❹；彼則無量壽尊，現在說法。此則觀音勢至，徒
仰嘉名；彼則與二上人，親為勝友。此則群魔外道，惱亂正
修；彼則佛化一統，魔外絕蹤。此則媚色妖婬，迷惑行者；
彼則正報清淨，實無女人。此則惡獸魑魅，交扇邪聲；彼則
水鳥樹林，咸宣妙法。二土較量，境緣迥別。而樂邦之勝，

---

❶❸❷　原經文：「其國眾生，無有眾苦，但受諸樂，故名極樂。」（《佛說阿
彌陀經》，《大正藏》，第 12 冊，頁 346c）

❶❸❸　「雙林」，為釋迦牟尼佛涅槃的地方。

❶❸❹　彌勒菩薩現今在兜率天內院，將於五十六億七千萬年後，出世於此
土，並在華林園中的龍華樹下開演法會，普度人天，謂之龍華會。
再者，龍華樹，據說花枝如龍頭，因此名之；又云它的種子出自龍
宮，故曰龍華樹。

其數無窮，未暇悉舉也。其境勝者，可以攝眾生取淨之情。其緣勝者，可以助生者修行之力。雖同居淨類甚多，唯極樂修行緣具，故偏指也。」

【第十二問・導讀】

以下試將原文裡提到的娑婆世界跟極樂世界的境緣，作一比對：

此：娑婆世界	彼：極樂世界
此則血肉形軀，有生皆苦	彼則蓮華化生，無生苦也
此則時序代謝，衰老日侵	彼則寒暑不遷，無老苦也
此則四大難調，多生病患	彼則化體香潔，無病苦也
此則七十者稀，無常迅速	彼則壽命無量，無死苦也
此則親情愛戀，有愛必離	彼無父母妻子，無愛別離苦也
此則仇敵怨讎，有怨必會	彼則上善聚會，無怨憎會苦也
此或困苦饑寒，貪求不足	彼皆衣食珍寶，受用現成
此或醜穢形骸，根多缺陋	彼則端嚴相貌，體有光明
此則輪轉生死	彼則永證無生
此有四趣之苦	彼無三惡之名
此則丘陵坑坎，荊棘為林，土石諸山，穢惡充滿	彼則黃金為地，寶樹參天，樓聳七珍，花敷四色
此則雙林已滅，龍華未來	彼則無量壽尊，現在說法
此則觀音勢至，徒仰嘉名	彼則與二上人，親為勝友
此則群魔外道，惱亂正修	彼則佛化一統，魔外絕蹤
此則媚色妖婬，迷惑行者	彼則正報清淨，實無女人
此則惡獸魑魅，交扇邪聲	彼則水鳥樹林，咸宣妙法

　　以上十六組對比裡可看出極樂世界沒有生、老、病、死、愛別離、怨憎會等苦，而且一切受用現成，與諸上善人同聚一塊，學習佛法，開發智慧。相對娑婆世界的情況，除了受生、老、病、死等苦的威脅外，「群魔外道，惱亂正修」；「媚色妖婬，迷惑行者」；「惡獸魑魅，交扇邪聲」，是確實的寫照，行者難以遠離這些干擾，超凡脫俗，達到清淨無礙的理想境地。

　　娑婆的誘惑很多，其影響力也很大，這種不理想的環境，六道眾生可以現量感受得到。雖然佛教常強調逆增上緣，在苦因緣多或是誘惑因素強的時候，對懂得修行而又願意修行的人來說，這個環境很理想。但平心而論，幾乎達到百分之九十九點九九九的凡夫，沉淪在此環境而無法自拔。

　　雖然在三界之中有少數的凡夫能執身攝心、伏諸煩惑，但是這些眾生的情種尚在，福報一盡，降生下界，遇境逢緣，猶復起惑造業；由業感苦，輪迴六道，了無已時。這是何等可怕的事。

　　環境，無時無刻影響我們的心念；

　　週遭事物的快速變遷，心怎能不隨之而動！

　　其實，眾生的苦痛就在於隨緣而變，缺少定力，無法在隨緣的同時，如實觀照一切，掌握一切。因此，往生西方極樂世界，不但可避免此種惡緣，且有修道助緣。

　　以上十六組對比雖然只是泛論，如果細論二者的差別，其數無窮。總之，極樂世界的環境、因緣非常殊勝，可以攝

受眾生取淨之情，幫助修行。往生西方極樂世界後，那裡的
生活被理想化，理想也被生活化，過著一種積極而強化的生
活。

✿ 【第十三問・原典】

問曰：「十方如來，皆可親近，今獨推彌陀者，何耶?」

答曰：「獨推彌陀，其故有三。一誓願深重，二娑婆有緣，
三化道相關也。願重者，經云彌陀往昔因中，嘗發種種廣大
誓願。其略曰：『若我成佛已來，其有眾生願生我國，或聞我
名，修諸善本，稱我名號，乃至十念，若不生者，誓不取正
覺。既生我國，若有退轉，不決定成佛者，誓不取正覺。』❸
故《華嚴鈔》曰：『彌陀願重，偏接娑婆眾生也。』有緣者，
我佛釋迦現在世時，眾生聞佛所教，歸向彌陀，固已多矣。
觀佛滅後，末世眾生，無問僧俗男女，貴賤貧富，稍聞佛教
者，無不信向。未聞佛教者，亦會稱名。縱是頑愚暴惡，無
信之徒，或遭厄難危險之處，或發讚歎怨嗟之聲，不覺信口
便叫阿彌陀佛。至於兒童女子戲弄之際，聚沙搏泥，圖牆畫
壁，便作彌陀佛像。甚至於學行未穩，學語未成者，自然能
唱阿彌陀佛。此皆不勸而發，不教而能，非有緣而何！又如
《無量壽經》云：『吾說此經，令見無量壽佛，及其國土。所
當為者，皆可求之。無得以我滅度之後，復生疑惑。當來之

---

❸　參閱《佛說無量壽經》，卷1，《大正藏》，第12冊，頁268a。

世，經道滅盡，我以慈愍，特留此經，更住百歲。其有眾生，
值此經者，隨意所願，皆可得度。』❸ 又經云：『此經滅後，
佛法全無，但留阿彌陀佛四字名號，救度眾生。其有不信而
謗毀者，當墮地獄，具受眾苦。』❸ 故天台云：當知彼佛於此
惡世，偏有緣耳。相關者，先覺謂兩土聖人，示居淨穢，以
折攝二門❸，調伏眾生。此以穢以苦以促以多魔惱而折之，
俾知所厭；彼以淨以樂以延以不退轉而攝之，俾知所欣。既
厭且欣，則化道行矣。又我釋迦於三乘授道之外，其有度未
盡者，度在彌陀。故於諸大乘經，叮嚀反覆，稱讚勸往者，
蓋化道之相關也。以是三者之故，乃獨推焉。」

【第十三問·導讀】

　　上一個問答是對環境的說明，這一個問答是對教化主的
說明。天如惟則禪師指出十方如來攝受的淨土無量無邊，如
今單獨推薦阿彌陀佛的西方極樂淨土，原因有三點：一是阿
彌陀佛的誓願深重；二是阿彌陀佛與娑婆眾生有緣；三是與
阿彌陀佛的教化之道有關。

　　關於第一項誓願深重：阿彌陀佛未成佛前，為一國王，
因發無上道心，捨棄王位出家，法名為法藏比丘，他於世自

---

❸　經典原文見下文導讀所引。參閱《佛說無量壽經》，卷2，《大正藏》，
　　第12冊，頁279a。

❸　參閱《佛說稱揚諸佛功德經》，卷2，《大正藏》，第14冊，頁99a。

❸　指「聖道門」與「淨土門」。

在王佛處修行，立下誓願救度一切眾生，待成就是願，方得成佛，這些誓願共計四十八項，善導大師《觀經疏‧玄義分》說：「凡夫得生者，莫不皆乘阿彌陀佛大願業力為增上緣也。」❶❸❾又於《觀經疏‧散善義》說：「決定深信彼阿彌陀佛四十八願，攝受眾生，無疑無慮，乘彼願力，定得往生。」❶❹⓿一切眾生若依阿彌陀佛的本願力，便可獲得救度，得生彼土。

　　關於第二項阿彌陀佛與娑婆眾生有緣：今人常說「家家阿彌陀，戶戶觀世音」，即表明略有聽聞佛教的人，都能知曉阿彌陀佛的信仰，此信仰現已家喻戶曉。此外，在《無量壽經》裡說：「吾今為諸眾生說此經法，令見無量壽佛，及其國土一切所有。所當為者，皆可求之。無得以我滅度之後，復生疑惑。當來之世，經道滅盡，我以慈悲哀愍，特留此經，止住百歲，其有眾生，值斯經者，隨意所願，皆可得度。」❶❹❶再者，《佛說稱揚諸佛功德經》說：「其有不信讚歎，稱揚阿彌陀佛名號功德而謗毀者，五劫之中，當墮地獄，具受眾苦。」❶❹❷這說明在正法滅盡，無有經道可供學習之時，僅特別留下《無量壽經》百年，對眾生做最後的救度。不過須注意的是，經道滅盡之時，眾生的增上慢更加嚴重，如非有過去世的因緣，即使遇到此經也不懂得信樂受持，甚至排斥。此

---

❶❸❾　唐‧釋善導：《觀無量壽佛經疏》，卷 1，《大正藏》，第 37 冊，頁 246b。

❶❹⓿　同上，頁 271b。

❶❹❶　《佛說無量壽經》，卷 2，《大正藏》，第 12 冊，頁 279a。

❶❹❷　《佛說稱揚諸佛功德經》，卷 3，《大正藏》，第 14 冊，頁 99a–99b。

外，「特留此經，止住百歲」的真義在於令人生起佛法難遇之
心，切勿因此語而心存僥倖，認為屆時還有機會修持淨土法
門，往生西方極樂世界。心中有恃無恐，而不知即時修行。

　　關於第三項與阿彌陀佛的教化之道有關：佛教的一切經
教中，只有《阿彌陀佛經》是世尊無問自說的。祂說從是西
方，過十萬億佛土，有世界名曰極樂，其土有佛，號阿彌陀，
今現在說法。祂在娑婆穢土垂訓眾生有關極樂淨土的事，是
以「折服」跟「攝受」兩種不同方式接引眾生，一則以苦、
促、魔惱來折服，使眾生知道娑婆不足戀棧；一則以淨、樂、
不退轉來攝受，使眾生知道淨土值得追求。二者相輔相成，
使阿彌陀佛的教化更易於推行。

　　除了世尊無問自說《阿彌陀佛經》外，還在諸經中特加
勸說往生，在現存的大乘經論中，記載阿彌陀佛及極樂淨土
等相關之事，據統計共有二百多部，可見世尊在大乘諸經裡
反覆叮嚀，稱讚勸往，即表示阿彌陀佛的教化信仰極為重要，
可令娑婆世界的眾生得度彼岸。

　　「獨推彌陀」的原因在此，又有何疑哉？

【第十四問・原典】

　　問曰：「偏指獨推之說，旨哉言乎！欣厭取捨之方，至哉
教矣！敢問欣厭取捨，得無愛憎能所之過乎？」

　　答曰：「汝不知言也。此非世間之愛憎能所也，此乃十方

如來轉凡成聖之通法也。若非厭捨，何以轉凡；若非欣取，何以成聖。故自凡夫預乎聖位，由聖位以至等覺，其間等而上之，無非欣厭。極乎妙覺，取捨始亡。故先德云：『取捨之極，與不取捨，無有異也。』⑭況此淨土之法，只一化機⑭，而釋迦、彌陀之所共立者也。此指其往，彼受其來。倘非厭捨，離此無由；倘非欣取，生彼無分。既捨此矣，又生彼矣，藉彼勝緣，直至成佛。然則愛憎能所，功莫大矣，何過之有哉！」

【第十四問・導讀】

　　如果就上述所言，娑婆世界是眾生自心汙穢所感得，那麼照道理來講，眾生應該會因厭惡這種環境而想盡辦法出離。相對的，極樂世界也是眾生自心清淨所感得，所以會因樂受這種環境而極力追求。這種厭穢欣淨的取捨須一再實踐，直至究竟為止。因此《妙宗鈔》說「取捨若極，與不取捨，亦非異轍」。意思是說追求至極點及捨離至極點，其道理跟不取不捨沒有什麼不同。

　　再者，「欣求極樂，厭離娑婆」的教化，是釋迦牟尼佛與阿彌陀佛所共立的，所謂「此指其往，彼受其來」，令眾生一方面厭離娑婆，一方面欣求極樂，盡展釋迦本懷，彌陀本願，普渡迷情。

---

⑭　《觀無量壽佛經疏妙宗鈔》，卷1，《大正藏》，第37冊，頁196c。

⑭　「化機」，教化機緣。

大乘行者修持善法，必須在心中興起欲要的念頭，《涅槃經》說：「愛有二種。一者善愛；二者不善愛。不善愛者，惟愚求之；善法愛者，諸菩薩求。」⑭⑤《華嚴經》說：「欲為諸法本，應起勝希望，志求無上覺。」⑭⑥因此，如果斷除善法欲，便是魔事。

有一些人常言「放下」，卻不知口頭說「放下」與實際操行了不相干，這種說食數寶的行徑對了脫生死來講，無益而有害。又有一些人說諸緣放下便是道，卻不知有這「放下」的念頭，便不是真放下，而是假放下，離道甚遠。又有些人在實踐放下之時，卻形成忘形跟死心，這是最難醫治的法病，類似於斷見外道。

佛與菩薩特有之十八種功德法（十八不共法），其中有一項為「精進無減」；為人所熟知的六度波羅蜜，其中因「精進」一項而得以圓滿成就。因此，精進用功，追求善法乃修行者必備的條件。

「放下」，是放下世間業緣，否則為假放下。

「放下」，非放下精進體道之心，名真放下。

若真能放下，自然處在道業之中，一心修行。

因此，處於道業之中，即是不放下的放下。

職是，熾然欣厭取捨，即是真放下。

假如不從事於取捨，所謂不取不捨，將導致執理廢事。

⑭⑤　《大般涅槃經》，卷13，《大正藏》，第12冊，頁440a–b。

⑭⑥　《大方廣佛華嚴經》，卷23，《大正藏》，第10冊，頁122a。

　　執理廢事即專談理性，廢棄修持，不追求善法。既然廢棄修持，則理事便不圓融。

　　若能理事圓融，達到全事即理，即所謂的「取捨若極，與不取捨，亦非異轍」。

　　真能取捨至極點的人，便是真能放下之人。

　　真能取捨至極點的人，便是大開圓解之人。

　　圓解之人如果捨離，則捨穢究盡；

　　圓解之人如果取淨，則取淨窮源。

　　這樣的見解、作略，跟不取極樂亦不著涅槃的人殊異。前者是三土九界皆捨，直取上品寂光。後者是滅後無生，外道斷滅之見。

　　下一個問答談「生而無生」，即是為了破除常見及斷見。

【第十五問‧原典】

　　問曰：「取捨之談無敢議矣，但往生之說，能不乖於無生之理乎?」

　　答曰：「天台云：『智者熾然求生淨土，達生體不可得，即是真無生，此謂心淨故佛土淨。愚者為生所縛，聞生即作生解，聞無生即作無生解。不知生即無生，無生即生也。』❽ 長蘆曰：『以生為生者，常見之所失也；以無生為無生者，斷見之所惑也；生而無生，無生而生者，第一義諦也。』❾ 天衣

❽　隋‧天台智顗：《淨土十疑論》，卷1，《大正藏》，第47冊，頁78a。

曰：『生則決定生，去則實不去。』 ⑭ 三家之說其旨甚明。今
余復以『性相』二字釋之。妙真如性，本自無生。因緣和合，
乃有生相。以其性能現相，故曰『無生即生』；以其相由性現，
故曰『生即無生』也。知此，則知淨土之生，唯心所生。無
生而生，理何乖焉！」

🐚 【第十五問・導讀】

求生淨土跟無生之理是否彼此矛盾？這是提問者心中的
疑惑。

天如惟則禪師舉出天台智顗、長蘆宗賾及天衣義懷三家
說法，說明何謂「生而無生」之理。依智顗大師之說，愚惑
的人平時聽聞「求生」便以「求生」來理解；聽聞「無生」
又以「無生」來理解，這將一件事割裂為二，不知「生即無
生，無生即生」。智顗大師亦說智慧者求生淨土，深解「生體
不可得」的道理，這便是真正的無生，也即是《維摩詰所說
經》云：「菩薩欲得淨土當淨其心，隨其心淨則佛土淨。」 ⑮
曾有人依《維摩詰所說經》而提問：「欲求淨土，當先淨心，

---

⑭　參閱宋・長蘆宗賾：〈蓮華勝會錄文〉，載釋蕅益選定、釋印光編訂：
　　《淨土十要》，第四要附錄，頁146。

⑭　元・釋永中、明・釋如卺：《緇門警訓》，卷5，〈天衣懷禪師室中以
　　淨土問學者〉，《大正藏》，第48冊，頁1067c；另可參閱宋・石芝
　　宗曉：《樂邦文類》，卷4，《大正藏》，第47冊，頁208a。

⑮　《維摩詰所說經》，卷1，《大正藏》，第14冊，頁538c。

何乃不求淨心，而求淨土?」這須依「理」、「事」來分別回答。依「理」而言，則一切無生，我們常言「唯心淨土，自性彌陀」，當處即是，無往無生，此理甚深，非法身大士，不能領會契證；依「事」而言，則不妨「熾然求生」，即使法身大士亦不廢事修，所謂以深信願，持佛名號，求生西方。但有些人執理廢事，此則理事雙融。

長蘆宗賾指出「以生為生」是犯了常見的錯失；以「無生為無生」是犯了斷見的疑惑；「生而無生，無生而生者」才是第一義諦。所謂常、斷二見，指外道的種種偏見。惡見雖然有許許多多，但都不出有見、無有見；有見即指常見，無有見即指斷見。以此二見皆為邊見，故佛教主張離常、離斷，而取中道。

天衣義懷說「生則決定生，去則實不去」，此語該如何解釋? 根據記載，天衣義懷曾問學者往生淨土的問題時，云「若言捨穢取淨，厭此欣彼，則是取捨之情，眾生妄想。若言無淨土，則違佛語。修淨土者，當如何脩? 眾無語。復自答云:『生則決定生，去則實不去。』又云:『譬如雁過長空，影沉寒水；雁絕遺蹤之意，水無留影之心。』」

明朝有位叫顧源的居士，中年時一心向道，專修淨業。晚年微疾時念佛往生，彌留之際告訴身旁助念的道友、親人說:「我決定往生了。」身旁的人問:「有何瑞象現前嗎?」他說:「我看見阿彌陀佛了，身滿虛空，且見金色的極樂世界。阿彌陀佛用袈裟覆蓋在我身上，我人已坐在蓮花中。」當時眾

人聞到一股蓮花的香氣。居士接著又說:「你們認為我將往何
處去,何處即是此處。此處若能明瞭,何處不能明瞭呢?」這
個往生事跡及往生者的最後偈語,正可說明「生則決定生,
去則實不去」的道理,有〈贊〉云:「身已坐蓮花中,生則決
定生也。何處即此處,去則實不去也。」❺真正修行是看你當
下表現如何,活在過去或寄望未來,都不是修行者該有的本
色。依上述顧源居士的例子,吾下一偈頌,供為參酌:

好漢不提當年勇,流水不復源頭行;
親見蓮花即往生,無生之生是真生。

除了上述三家的說法外,天如惟則禪師又以「性」、「相」
的道理來說明。「性」指法的本身,其內在之理是不可改變的;
「相」指外在的相狀,表現於外而可以被分別、分判。經論
說:「性、相小有差別,性言其體,相言可識。」❺但須特別
注意的是,有時「性」即是「相」,「相」即是「性」,說性即
說相,說相即說性,例如說火性即說熱相,說熱相即說火性,
故「性」與「相」有時可以互用。因此,如以「性」、「相」
二字來解釋「生而無生」的道理,那麼,「妙真如性,本自無
生」;「因緣和合,乃有生相」❺。所謂「妙真如性」指真如

---

❺　參閱明·釋蓮池:《往生集》,卷 2,《大正藏》,第 51 冊,頁 148b。

❺　《大智度論》,卷 31,《大正藏》,第 25 冊,頁 293b。

❺　《首楞嚴經》,卷 2,云:「因緣和合,虛妄有生;因緣別離,虛妄
名滅。殊不能知生滅去來,本如來藏,常住妙明,不動周圓,妙真

是萬法實性，而且諸相了不可得，故曰妙。再者，「真」指真
實不虛，「如」指不變其性。「真如」乃一切萬有的根源，故
天如惟則禪師說「性能現相，故曰『無生即生』；相由性現，
故曰『生即無生』」，說明「性」、「相」二者圓融無礙；「生」
與「無生」二者相輔相成。

　　綜合上述，天如惟則禪師引用三位前賢的說法，這些說
法廣為人知，亦時為人所稱引。他們的主要觀點在於破解常
人執著於「生」或「無生」，無論執著於「生」或執著於「無
生」，皆是執著，無法證得第一義諦。執著於「生」則是常見，
執著於「無生」則是斷見，諸法之因果各別，亦復相續，非
常亦非斷。佛教主張遠離有（常見）、無（斷見）兩邊，而取
中道。

　　這種觀點是天台宗、禪宗等以「唯心淨土，自性彌陀」
的觀點來陳述。

　　但須特別注意的是，淨土宗之曇鸞、善導、懷感等大師
的說法則不同於此。曇鸞大師在《淨土論註》裡表明，只要
有真實的淨信，則必能往生彌陀淨土，證得「生即無生」之
諦理。他又恐世人有兩種疑惑：⑴凡夫住於實生之見，故不
能往生；⑵即使往生，亦無法通達無生智。因而特別舉出三
種譬喻，一再強調往生者的情識雖然執著於「實生」的見解，
仍可往生無生世界；因為往生之後，藉由淨土之界德（種種
依正莊嚴）即可熄滅其「見生」❿的情識，而成就無生智。

─────────────
如性。」（《大正藏》，第 19 冊，頁 114a）

他所舉的三種譬喻是：

一、以淨摩尼珠投入濁水，此濁水隨即轉清；這個譬喻
　　主要彰顯凡夫雖有無量生死的濁罪，但假若稱念彌
　　陀名號，亦可往生。

二、譬如以玄黃之幣裹摩尼珠投入水中，則水呈黃色；
　　這個譬喻主要彰顯凡夫往生，可藉由淨土之德而不
　　生起「見生」之惑。

三、譬如冰上燃火，火勢如果猛烈則冰將溶解成水，而
　　溶解之水則將熄滅猛火；這個譬喻主要彰顯下品往
　　生之人雖不知無生之理，但以稱念彌陀名號的力用，
　　願生極樂淨土；復因極樂淨土本是無生之界，往生
　　至此的眾生，其「見生」之火即可自然而滅。❺

　　善導大師的淨土法門以念佛往生為主，並且以「指方立
相」為要旨，指出淨土行者於命終後確實往生西方淨土❺。
又善導大師之弟子懷感大師亦認為依第一義諦而言，往生乃
「無生」之意；依世諦而言，即「捨此往彼」之意❺。不過，

---

❺　「見生」，指企求往生或已得往生的眾生，執著於往生後的殊勝境
　　界，而不能了達「生即無生」之理。

❺　參閱北魏·釋曇鸞：《無量壽經優婆提舍願生偈註》，卷 2，《大正
　　藏》，第 40 冊，頁 839a–b。

❺　參閱唐·釋善導：《觀無量壽佛經疏》，卷 3，《大正藏》，第 37 冊，
　　頁 267b。

❺　參閱唐·釋懷感：《釋淨土群疑論》，卷 2，《大正藏》，第 47 冊，頁

天台宗、禪宗等，以「唯心淨土，自性彌陀」之說，反對此「捨此往彼」的說法。這點是須分判清楚。

【第十六問‧原典】

問曰：「往生之說，其旨昭然。但今之學者不能曉了，千人萬人皆疑極樂遠隔十萬億國，臨命終時，恐難得到，復何策以曉之？」

答曰：「是可笑也。說了許多心外無土，土外無心，到這裡猶道不曉。此無他，只是眾生妄認自心在色身之內，方寸之間。不知自家心量，元自廣大。豈不聞〈讚佛偈〉云：『心包太虛，量周沙界。』且十方虛空無量無邊，被我心量都盧包了。恆沙世界，無量無數，我之心量，一一周遍。如此看來，十萬億國在我心中，其實甚近，何遠之有。命終生時，生我心中，其實甚易，何難之有。豈不見《十疑論》云：『十萬億剎，為對凡夫肉眼生死心量說耳。但使眾生淨土業成者，臨終在定之心，即是淨土受生之心。動念即是生淨土時，為此《觀經》云：「彌陀佛國，去此不遠。」又業力不可思議，一念即生，不須愁遠。又如人夢，身雖在床，而心意識，遍至他方。生淨土亦爾，不須疑也。』❶❺❽經云：『一彈指頃，即得往生。』❶❺❾又云：『屈伸臂頃。』❶❻⓿又云：『頃刻之間。』故《自

37a–b。

❶❺❽　隋‧天台智顗：《淨土十疑論》，卷1，《大正藏》，第47冊，頁80b。

信錄》❶云:『十萬億剎,頃刻至者,自心本妙耳。』❷此等
重重喻說,只是言其生在自己廣大心中,甚近而甚易者也。
我如今且莫說廣大心量,且只就汝色身之內,方寸之間,說
箇譬喻。譬如此方到西天竺,動經十萬餘里,一路之間,多
經國土。有一人雖未親到,曾聞他人講說一遍,記憶在心。
其人後時坐臥之間,忽動一念,思量彼國,思量千里,便到
千里,思量萬里,便到萬里。思量天竺,便到天竺。以此比
之,生淨土便是這箇道理。豈不是彈指之頃,一念便到,何
難到之有哉!汝若不修淨業,要到極難。淨業若成,要到極
易。但辦肯心,決不相賺❸。」

【第十六問·導讀】

　　西方極樂世界離我們這裡到底有多遠?這是眾人心中一
直存在的疑竇。依《佛說阿彌陀經》云:「從是西方過十萬億
佛土,有世界名曰極樂。」❹指出從此娑婆世界至西方極樂世
界,其間的佛國土數目為十萬億。又《佛說無量壽經》云:

---

❶　《佛說觀無量壽佛經》,卷1,《大正藏》,第12冊,頁344c。

❷　《觀世音菩薩授記經》,卷1,《大正藏》,第12冊,頁355a。

❸　王闐 (?–1146) 南宋時代的布衣,晚年專修念佛三昧,紹興十六年,
　　跌坐而化,著有《淨土自信錄》。

❹　參閱宋·石芝宗曉:《樂邦文類》,卷1,《大正藏》,第47冊,頁153b。

❺　「賺」,即「賺騙」、「賺弄」,欺騙的意思。

❻　《大正藏》,第12冊,頁346c。

「法藏菩薩今已成佛，現在西方去此十萬億剎，其佛世界名曰安樂。」❻可見，照一般凡夫的想法認為，如果依自己的能力是無法到達西方極樂世界；即使小乘聖人亦無法依自己的能力到達，因為西方極樂世界是大乘不可思議的境界。小聖如果回心向大便能夠到達。凡夫如果沒有足夠的信願來感應佛的接引，縱使修持其他的勝行，也是無法往生到極樂世界。因此，提問者說「臨命終時，恐難得到」，並非無的放矢。

　　天如惟則禪師說這個提問真是可笑極了，因為提問者跟一般人一樣，不是常將「心外無土，土外無心」掛在嘴上嗎？如今又提出這個問題，豈不矛盾！原來，提問者還不能全然理解自己心量廣大。佛教頌文有云：「心包太虛，量周沙界」，形容心量包含太虛，其數如恆河沙等無量無數之佛世界。心量能如此廣大，皆因於「萬法唯心，一切唯識」，《六十華嚴經》云：「心如工畫師，畫種種五陰，一切世界中，無法而不造。如心佛亦爾，如佛眾生然，心佛及眾生，是三無差別。」❻能如此理解，那麼，極樂世界的依報莊嚴，如國土、寶樹、寶地、寶池等，以及阿彌陀佛，清淨大海眾菩薩等正報之身、三十二相等，皆是我心本具，皆是我心所造。不是向他處或他人得來，也不是從外在接引進來的。印光大師在〈淨土生無生論講義發刊序〉云：「心佛眾生，三無差別之心性。此之心性具無量德，不變隨緣，隨緣不變，在凡不減，在聖不增，

❻　《大正藏》，第 12 冊，頁 270a。
❻　《大正藏》，第 9 冊，頁 465c。

由迷悟之不同，致十界之差別，即此十界，一一無非心具心造，心作心是，求生西方即真無生。以生乎心具心造、心作心是之西方。」❿如此看來，十萬億佛土在我們的心中。

　　智顗大師的《淨土十疑論》指出「十萬億佛剎」的說法是對凡夫肉眼及其生死心量來說的，倘若眾生的淨業已成就，在瀕臨命終時他的定心便是淨土受生之心。換言之，一轉念（此處云「動念」）即受生極樂淨土，所以《觀經》云「阿彌陀佛，去此不遠。」❿

　　再者，天如惟則禪師又舉出數則經據，「一彈指頃，即得往生」、「屈伸臂頃」等等，表明一念即生，不須再有何疑問了。最後，他又舉去西方天竺（印度）為例，只要思量天竺，便到天竺；思量千里，便到千里，指明「彈指之頃，一念便到」的道理。凡是肯真心誠意，努力修持，只要淨業成就，往生極樂淨土是件極其容易的事，這個說法決不是欺騙的話。

【第十七問·原典】

　　問曰：「不修淨業，要生極難，此誠言也。何故前舉逆惡凡夫，臨終亦生。吾未聞其詳，而且有疑。幸詳示而釋之。」

　　答曰：「《觀經》云：『下品下生者，或有眾生作不善業，五逆十惡，具諸不善。如此愚人，以惡業故，應墮惡道，經

---

❿　釋印光著、釋廣定編：《印光大師全集》，第三冊（下），頁 29–30。
❿　《佛說觀無量壽佛經》，卷 1，《大正藏》，第 12 冊，頁 341c。

歷多劫，受苦無窮。如此愚人，臨命終時，遇善知識，種種
安慰，為說妙法，教令念佛。此人苦逼，不遑念佛。善友告
言，汝若不能念（彼佛）者，應稱（歸命）無量壽佛。如是
至心，令聲不絕，具足十念稱南無阿彌陀佛，稱佛名故，於
念念中，除八十億劫生死之罪。命終之時，見金蓮華，猶如
日輪，住其人前。如一念頃，即得往生極樂世界。於蓮華中，
滿十二大劫，蓮華方開。（當花敷時），觀世音、大勢至，以
大悲音聲，（即）為其（人）廣說實相，除滅罪法。聞已歡喜，
應時即發菩提之心。」**⑯**此其詳也。雖十二劫處蓮華中，而其
受用快樂如忉利天，故古者云：「華中快樂如忉利，不比人間
父母胎。」**⑰**逆惡得生者，《觀經疏》曰：「以念佛除滅罪障故，
即以念佛為勝緣也。」**⑱**余詳經意，即是念佛滅罪而生。然以
疏論參而明之，則有三義：一者、或問如何以少時心力，而
能勝終身造惡耶？曰：心雖少時，而其力猛利。是心勇決，
名為大心。以捨身事急故，如人入陣，不惜身命名，為健人
也。二者、此雖造惡，或現世曾修三昧故，臨終勸念，定心
易成，亦是乘急戒緩人也。縱現世不修三昧，亦是宿種今熟。

⑯　《佛說觀無量壽佛經》，卷1，《大正藏》，第12冊，頁346a。按：
括弧內的文字為經典原文，補入以方便讀者。

⑰　參閱宋‧石芝宗曉：《樂邦文類》，卷5，〈讚淨土漁家傲〉，《大正藏》，
第47冊，頁226c。

⑱　隋‧天台智顗：《觀無量壽佛經疏》，卷1，《大正藏》，第37冊，頁
194b。

以宿善業強故，臨終得遇善知識，十念功成也。三者、若非宿種，又非現修。則其念佛之時，必有重悔，故永明曰：『善惡無定，因緣體空；跡有升沉，事分優劣。真金一兩，勝百兩之疊華；爝火微光，蓺萬仞之積草。』⓲」

🐚 【第十七問・導讀】

　　往生西方極樂世界的先決條件是須修持淨業，此是共識。然而，提問者在這裡提出逆惡凡夫臨終時亦能往生，其道理何在？

　　天如惟則禪師首先舉出《觀經》裡下品下生的經文，說明眾生如作五逆十惡之罪，具有種種不善之業，臨命終時如能遇到善知識對他開導、安慰，及講說妙法，教導念佛，如是至心，令聲不絕，具足十念稱南無阿彌陀佛，於念念中除八十億劫生死重罪，命終時見金蓮花猶如日輪，住其人前。一念頃即得往生極樂世界，並於蓮華中住滿十二大劫，當蓮花開時，觀世音、大勢至菩薩會以大悲音聲為此人廣說實相妙法，及除滅罪法，聞已歡喜，即發菩提心⓳。天如惟則禪師特別指出，雖然十二大劫住蓮花胎中，但所受用的快樂如在忉利天。忉利天是欲界六天之第二天，係帝釋天所居之天界，位於須彌山頂。居住此天的有情眾生身長一由旬；身上所穿的衣物僅重六銖；壽命長一千歲，尤須指出的是世間百

⓲　宋・永明延壽：《萬善同歸集》，卷1，《大正藏》，第48冊，頁967a。

⓳　有關下品下生的論述，另可參閱前文第一問及第九問。

年的歲月為其一日一夜；有男娶女嫁之事，是藉由男女身體相接觸時彼此之氣來受孕，幼兒初生時如人類六歲模樣。又此天具足種種妙寶，有殊勝之樓閣、臺觀、園林、浴池、階道等。

然而，問題在於造五逆十惡的眾生為何能在命終時往生極樂淨土？答案是：「念佛滅罪而生。」天如惟則禪師說他除詳參經文的旨意外，還參考一些《觀經》的疏論，認為「念佛滅罪而生」的道理可歸納為三點：

一、犯五逆十惡的眾生在臨命終時雖念佛的時間少，但因其心猛利，這種勇猛決定之心稱為「大心」，能夠藉此而念佛滅罪。

二、犯五逆十惡的眾生，有一種是現世曾修習三昧，因此在臨終時經人勸念時，其定心容易成就；有一種是宿世曾修習三昧，以宿世善業強於現世所造之惡，因而在臨終時遇善知識為其開導而十念成就，往生西方極樂淨土。

三、犯五逆十惡的眾生，既非現修，亦非宿種，當他臨命終時以深重的懺悔心來念佛，而得以藉念佛滅罪，往生西方極樂世界。

但不可誤會的是：《觀經》說廣作眾惡的人也能下品往生，是就臨命終時能迴心向善而說的。犯五逆十惡而不能往生的眾生，是因其不曾回心向善，願生淨土。如果平生不曾聽聞佛法，或生在邪見家，陷在惡行環境；或煩惱強而環境壞，

雖作惡而善根不斷。這種人在臨命終時能得到善知識的教誨，心生慚愧，痛悔前非，即是下品往生的根機。反之，假若早已作沙門、居士，聽聞佛法甚且懂得談論，亦知什麼是善，什麼是不善，仍舊為非作惡，以為臨命終時能十念乃至一念即可往生，這可大錯特錯。更甚的是，以為一切都不關緊要，臨終十念即往生，何況平時已常念佛；雖在佛法中，卻不曾修功德、持齋戒，對人對法跟常人一樣顛倒，胡作妄為。如平時自持或勸人念佛，決不宜引此為足，自誤誤人❼！

 【第十八問・原典】

問曰：「五濁惡世，人皆有罪。縱未造五逆重罪，其餘罪業，孰能無之。苟不懺悔消滅，但只臨終念佛，能往生乎？」

答曰：「亦得生也。此乃全藉彌陀不思議之大願力也。《那先經》云：『如持百枚大石置於船上，藉船力故，石不沒水。若無其船，小石亦沒。喻彼世人，一生造惡，臨終念佛，不入泥犁。若非念佛，雖作小惡，亦入泥犁。況大惡乎！』❼ 船喻佛力，石喻惡業，故昔人有帶業往生之說。四土文中亦云，具惑染者亦得生同居淨也。又如僧雄俊，臨入鑊湯❼；并汾

---

❼ 參閱釋印順：《淨土與禪》（臺北：正聞出版社，1992 年 2 月修訂一版），頁 54–55。

❼ 參閱《那先比丘經》，卷 2，《大正藏》，第 42 冊，頁 701c–702a；卷 3，頁 717b。

州人，屠牛為業，臨終見群牛逼觸其身，苦痛切己**⑦**；及張
鐘馗殺雞為業，臨終見神人驅群雞，啄破兩目，流血盈床**⑱**。
（上述等人）稱佛名號，俱生淨土。此非佛力而何！請復以
喻明之。如人現犯官法，應入官囚，以投託國王，承王宣召，
則官不能拘，而復達帝京也。所以《西資鈔》**⑲**云：『得生淨
土，是假他力，彌陀願攝，釋迦勸贊，諸佛護念，如渡大海，
既得巨舟，仍有良導，加以便風，必能速到彼岸也。若其不
肯登舟，遲留惡國者，誰之過歟！』**⑳**」

【第十八問‧導讀】

此問關於往生時是帶業往生**㉑**，還是須將惡業消除殆盡

---

⑯ 唐‧釋文諗、釋少康 (?–805) 合編：《往生西方淨土瑞應傳》，卷 1，
　　《大正藏》，第 51 冊，頁 106b；宋‧釋志磐：《佛祖統紀》，卷 27，
　　《大正藏》，第 49 冊，頁 275b；明‧釋蓮池 (1532–1612)：《往生集》，
　　卷 2，《大正藏》，第 51 冊，頁 146c。

⑰ 參閱《往生西方淨土瑞應傳》，卷 1，《大正藏》，第 51 冊，頁 107c；
　　《佛祖統紀》，卷 28，《大正藏》，第 49 冊，頁 288c。

⑱ 參閱《往生西方淨土瑞應傳》，卷 1，《大正藏》，第 51 冊，頁 107c；
　　《佛祖統紀》，卷 28，《大正藏》，第 49 冊，頁 288c。

⑲ 宋‧孤山智圓 (976–1022) 所撰，孤山智圓是宋代天台宗山外派大
　　師，此鈔專門解釋自己所撰的《阿彌陀經疏》。

⑳ 宋‧石芝宗曉：《樂邦文類》，卷 4，《西資鈔‧揀示偏讚西方》，《大
　　正藏》，第 47 冊，頁 201a。

㉑ 有關「帶業往生」的問題，參閱拙著：《圓通證道──印光的淨土

後方得往生？其中關涉到阿彌陀佛的本願救度力。

　　天如惟則禪師主張帶業往生，舉出《那先比丘經》以船運石之喻，說明眾生藉著阿彌陀佛不可思議的願力而得以帶業往生。另舉出三個人的往生事跡，充分說明藉由佛力而帶業往生。第一個例子是僧雄俊，此人俗姓周，出家時常講無戒之行，得到的嚫施常非法使用，後來還俗從軍，造了許多殺戮之罪，臨命終時現出閻羅王判他入地獄的景象，因而高聲喊說：「雄俊若入地獄，三世諸佛即妄語。」閻羅王云：「佛不曾妄語。」僧雄俊說：「《觀經》下品下生的經文云：造五逆罪臨終十念尚得往生。我雖然造罪，但未作五逆之重罪，況且平時念佛不知其數。」說完，隨即乘蓮花臺往生西方。第二個例子是一個姓名不詳的汾州人，平時以殺牛為業，當重病臨終前，看見數頭牛逼觸他的身體，他告訴妻子說：「快請僧人來救我。」僧人到後，此病人問：「如果師父幫誦念佛經，救得了弟子的重罪嗎？」僧人說：「《觀經》說臨終十念尚得往生，佛陀難道妄言？」不一會兒，異香滿室，許多人見到瑞色祥雲圍遶在其屋頂。第三個例子是張鐘馗，平時以販雞為業，臨命終時看見自己房屋的南邊有一群雞聚集在那兒，忽然有一人驅趕雞群，並說「去啄他，去啄他」。雞群曾四次啄他的雙眼，血流滿床。此時剛遇到善光寺一位念佛僧經過其家，便叫人敷設聖像，念阿彌陀佛。頓時室內充滿異香，安然而

　　啟化》（臺北：東大圖書公司，2002 年 5 月），〈他力救濟與帶業往生〉，頁 165-174。

逝。

　　上述三例表明犯罪眾生，藉由阿彌陀佛的本願力而往生。孤山智圓的《西資鈔》強調眾生得生淨土是假借他力（佛力），此他力有如巨舟，能渡眾生到達彼岸。假若有人不願登船，仍要逗留在娑婆穢土，試問這是誰的過錯呢？可見，遠離阿彌陀佛的本願大海，十方眾生即無歸處。彌陀本願，釋尊本懷，諸佛護念，無論得生的善人惡人，皆以阿彌陀佛的大願業力為增上緣。

【第十九問·原典】

　　問曰：「前云博地凡夫，便階不退，此必已無惡業者也。今此帶業而生，能不退乎？」

　　答曰：「例皆不退也。經云：『其有生者，悉住正定之聚。』❷又云：『眾生生者，皆是阿鞞跋致。』❸又《十疑論》云：『有五因緣，能令不退。一者，阿彌陀佛大悲願力攝持，故不退。二者，佛光常照，菩提心常增長，故不退。三者，水鳥樹林，風聲樂音，皆說苦空。聞者常起念佛念法念僧之心，故不退。四者，彼國純諸菩薩以為良友，無惡緣境。外無鬼神邪魔，內無三毒等，煩惱畢竟不起，故不退。五者，但生彼國者，即壽命永劫，共菩薩佛等，故不退也。』❹又古人云：『不願

---

❷　《佛說無量壽經》，卷1，《大正藏》，第12冊，頁268a。

❸　《佛說阿彌陀經》，卷1，《大正藏》，第12冊，頁347b。

生淨土則已，願生則無不得生。不生則已，生則永不退轉
也。」⑱」

🐚【第十九問·導讀】

　　承續上一問「帶業往生」，提出凡夫帶業往生後是否不退
轉？

　　天如惟則禪師指出一旦往生極樂世界便位階不退，並舉
《佛說無量壽經》、《佛說阿彌陀經》、《淨土十疑論》等經論
來說明。其中《淨土十疑論》所列的五種不退轉因緣，最為
人所知：

一、因有阿彌陀佛大悲願力攝持，故不退。

二、因佛光常照，增長菩提心，故不退。

三、因極樂世界的水鳥樹林、風聲樂音，說苦、空、無
　　常之理，令聽聞者生起念佛、念法、念僧之心，故
　　不退。

四、因以眾菩薩為善知識，而且外無外道鬼魔侵擾，內
　　無貪瞋癡三惡毒狂惑，致使根本煩惱畢竟不起，故
　　不退。

五、因往生西方極樂淨土後，壽命與佛同儔，故不退。

上舉五種因緣，表明淨土的正報、依報極為清淨，故往生彼

---

⑱　隋·天台智顗：《淨土十疑論》，卷1，《大正藏》，第47冊，頁79b。

⑱　宋·石芝宗曉：《樂邦文類》，卷3，〈楊傑·建彌陀寶閣記〉，《大正
　　藏》，第47冊，頁184c。

國的眾生，即使帶業往生者亦然得以在依、正莊嚴的佛土中
修行而不退轉。

　　蓮宗九祖蕅益大師在《阿彌陀經要解》云：「淨土中則雖
五逆十惡，十念成就帶業往生，居下下品者，例皆得三不
退。」❿所謂三不退指位不退、行不退、念不退。一般而言，
位不退指已經修得之果位不退失；行不退指對於所修之行法
不退失；念不退指對於正念不退轉。

　　此外須特別說明的是，蕅益大師的《阿彌陀經要解》另
提出四不退的說法，簡述如下：

一、念不退，指破除無明，彰顯佛性，而直接往生實報
　　分證的常寂光土。

二、行不退，指斷除見惑、思惑、塵沙惑而往生方便有
　　餘土。

三、位不退，指帶業而往生於凡聖同居土。

四、畢竟不退，即不論至心散心、有心無心、解或不解，
　　只要彌陀名號、六方佛名，乃至《阿彌陀經》的經
　　名等，經歷其人之聽聞，假使過了千萬劫之時日，
　　畢竟可由此一因緣而得度脫。❿

　　可見，最高層次的是念不退，依次是行不退、位不退。
此外蕅益大師還舉出「畢竟不退」強調只要阿彌陀佛的名號

❿　明·釋蕅益：《阿彌陀經要解》，卷1，《大正藏》，第37冊，頁370c。

❿　參閱明·釋蕅益：《阿彌陀經要解》，卷1，《大正藏》，第37冊，頁
　　365a。

或是《阿彌陀經》的經名，一歷耳根，便能成為得度因緣，而畢竟解脫。這即是佛教所言「一入耳根，便成道種」。

　　關於帶業往生而達致「位不退」的問題，蕅益大師強調：「帶業生同居淨，證位不退者，皆與補處俱，亦皆一生必補佛位。夫上善一處，是生同居即已橫生上三土，一生補佛，是位不退即已圓證三不退。如斯力用，乃千經萬論所未曾有，較彼頓悟正因，僅為出塵階漸，生生不退，始可期於佛階者，不可同日語矣。宗教之士，如何勿思。」⑱這充分說明如果能夠帶業往生而證「位不退」，便同時橫超三土（方便有餘土、實報無障礙土、常寂光土），得以一生補佛，因而等於是圓證念、行、位三不退的境地。這對念佛行者來說，具有莫大的鼓勵作用。因為目標明確，而且效果可期。俄國大文豪杜斯妥也夫斯基在《地下生活者手記》裡刻劃犯人被強迫參與無意義的勞動情形說：犯人究竟須做怎樣的勞動呢？首先在一片廣大的土地上挖一個大洞，再將挖出的大量泥土搬到別的地方。等全部搬運完成後，再將這些泥土搬回原先挖出的大洞裡，將該洞填平。填好後再挖，挖完後再搬運，就這樣來來回回持續一整天。而他們重複這樣的工作一年。這種勞動不具任何意義，對勞動者而言簡直是一種懲罰。可見，沒有目標，不論何種行為都成為痛苦。如果念佛行者平時的操練也是如此，不但修行無成，到最後連佛都不念了。這都是因為缺乏目標

---

⑱　明·釋蕅益選定、民·釋印光編訂：《淨土十要》，《阿彌陀經要解》，卷1，頁8。按：此段文字，未見於《大正藏》的版本。

所致。上述智顗、蕅益等大師的勸勉，道出乘阿彌陀佛本願力，定得往生，超出輪迴，一生必補佛位，可謂目標明確，目的可期。

【第二十問・原典】20-1

問曰：「一生造惡，臨終念佛，帶業得生，又無退轉。此彌陀願力，誠乎不可思議矣。然則我於生前，且做世間事業，直待臨終，然後念佛，可乎?」

答曰：「苦哉苦哉! 何等愚謬之言也。砒霜酖酒，毒中之毒。今汝此言，毒於砒霜酖酒者也。非特誤賺自己，又且誤賺天下，若僧若俗，善男信女，皆此言也。向所謂逆惡凡夫臨終念佛者，乃是宿有善根福德因緣，方遇知識，方得念佛。此等僥倖，萬萬人中，無一箇半箇。汝將謂人人臨終，有此僥倖哉。豈不見《群疑論》云：『世間有十種人，臨終不得念佛。一者，善友未必相遇，故無勸念之理。二者，業苦纏身，不遑念佛。三者，或偏風❶失語，不能稱佛。四者，狂亂失心，注想難成。五者，或遭水火，不暇至誠。六者，遭遇豺狼，無復善友。七者，臨終惡友，壞彼信心。八者，飽食過度，昏迷致死。九者，軍陣鬥戰，奄忽而亡。十者，忽墜高巖，傷壞性命。』❷如此等十種之事，皆是尋常耳聞眼見。不

---

❶　「偏風」，指中風，或脊椎骨受損之症，又稱為「偏癱」、「偏估」。

❷　唐・釋懷感：《淨土群疑論》，卷5，《大正藏》，第47冊，頁59 b。

論僧俗男女，人皆有之。或宿業所招，現業所感。忽爾現前，不容迴避。你又不是神通聖人，有宿命通，能知臨終有業無業。又不是有他心、天眼，能知臨終好死惡死。

【第二十問‧導讀】20-1

此問特為從事世間事業的在家居士而提出，這類眾生平時為了家計而四處奔波，可否臨終時才念佛？

天如惟則禪師劈頭便說「苦啊！苦啊（意喻眾生顛倒、愚癡），說這種話是多麼地愚昧啊！」如果世人因信此話而平時不念佛，等到臨終時才念，恐將誤盡天下蒼生。上一問言及逆惡凡夫在臨終時能夠念佛，乃是他宿世善根福德因緣所致，不可一概而論。這純屬僥倖的事，萬人中只得一個半個，因此切勿以此為恃而自誤誤人。唐代專弘淨土法門的懷感大師在《淨土群疑論》裡指出世間有十種人，在臨終時無法念佛，因為：

一、未遇善友，無有勸念。

二、業苦纏身，不遑念佛。

三、中風失語，不能稱佛。

四、狂亂失心，注想難成。

五、遭遇水火，不暇至誠。

另參閱宋‧石芝宗曉：《樂邦遺稿》，卷1，《大正藏》，第47冊，頁239b；元‧優曇普度：《廬山蓮宗寶鑑》，卷8，《大正藏》，第47冊，頁341c。

六、遭遇豺狼，無復善友。

七、臨終惡友，壞彼信心。

八、飽食過度，昏迷致死。

九、軍陣鬥戰，奄忽而亡。

十、忽墜高巖，傷壞性命。

上舉十種人所遇的十種事，皆是平時耳聞眼見之尋常事，不論出家或在家、男眾或女眾，皆有可能遭遇，這不外乎宿業或現業所感招。當業力現前時任何人都迴避不了，除非是具有神通的聖人，以宿命通知悉臨終之業如何；或他心通、天眼通知悉臨終時是好死還是歹死。因此，上述十種惡緣只要遇著一種便會隨業受報，淪墮到三惡道或受生於八難之中。何謂「八難」？指無法遇佛、聽聞不到正法的八種障難。簡介如下：

一、地獄難：眾生因惡業墮入地獄而受苦無間，無法見
　　佛聞法。

二、餓鬼難：餓鬼有三種：⑴業最重的餓鬼，長劫不聞
　　漿水之名；⑵業次重的餓鬼，唯在人間伺求蕩滌、
　　膿血、糞穢；⑶業輕的餓鬼，時或一飽，加以刀杖
　　驅逼，填河塞海，受苦無量。

三、畜生難：畜生種類不一，各自隨因受報，有的為人
　　畜養，有的居住於山海等處，但皆常受鞭打殺害，
　　或互相吞噉，受無窮苦。

四、長壽天難：生至此天，壽命為五百劫，即色界第四

禪的無想天。此處眾生心想不行，如冰魚蟄蟲，外道的修行者大多投生此處，因而障礙見佛聞法。

五、邊地的鬱單越難：「鬱單越」翻譯為「勝處」，投生此處的眾生壽命千歲，一輩子無夭折等事，平時貪著享樂而不受教化，聖人因而不至此處，無法見佛聞法。

六、盲聾瘖啞難：這種眾生諸根不具，雖遇佛出世，也不能見佛聞法。

七、世智辯聰難：這種眾生雖然聰明伶利，但耽溺於外道經書，不信出世正法。

八、生在佛前佛後難：這種眾生業重緣薄，生在佛前佛後，不得見佛聞法。❸

可見淪墮到三途八難的眾生，便難以聞佛名號。可不慎思！

【第二十問 · 原典】20-2

如上十種惡緣，忽然遭著一種，便休了也；便做手腳，不得了也；便有知識活佛圍繞，救你不得了也；便須隨業受報，向三途八難中受苦受罪，到那時要聞佛名，不聞了也。直饒你無此惡緣，只是好病而死。亦未免風刀解體，四大分

---

❸ 參閱《增壹阿含經》，卷35，〈八難品第四十二之一〉，《大正藏》，第 2 冊，頁 747a–747b。按：佛教認為奉持八關齋法可對治八難（參閱《增壹阿含經》，卷 38，《大正藏》，第 2 冊，頁 757a；《增壹阿含經》，卷 16，《大正藏》，第 2 冊，頁 625c）。

離，如生龜脫筒，螃蟹落湯，痛苦逼迫，怕怖悻惶，念佛不得了也。更饒你無病而死，又或世緣未了，世念未休，貪生怖死，擾亂胸懷。若是俗人，又兼家私未明，後事未辦，妻啼子哭，百種憂煎，念佛不得了也。更饒你未死以前，只有些少病痛在身，忍疼忍苦，叫喚呻吟，問藥求醫，祈禱懺悔，雜念紛飛，念佛不得了也。更饒你未病以前，只是年紀老大，衰相現前，困頓龍鍾，愁歎憂惱，只向箇衰老身上，左安右排，念佛不得了也。更饒你未老以前，正是少壯之日，正好念佛之時，稍或狂心未歇，俗務相關，東攀西緣，雜思亂想，業識茫茫，念佛不得了也。更饒你清閒自在，有志修行，稍於世相之中，照不破，放不下，把不定，坐不斷，忽遭些子境界現前，一箇主人，隨他顛倒，念佛不得了也。你看他老病之時，少壯清閒之日，稍有一事挂心，早是念佛不得，況待臨終時哉。何況你更道且做世間事業，你真癡人，說此癡話，敢保你錯用身心了也。且世間事業，如夢如幻，如影如響，那❶❾❷一件有實效，那一件替得生死。縱饒廣造伽藍，多增常住，攀求名位，交結官豪，你將謂多做好事，殊不知犯了如來不體道本，廣造伽藍等戒。豈不見道，有為之功，多諸過咎，天堂未就，地獄先成，生死未明，皆成苦本，眼光落地，受苦之時，方知平生所作，盡是枷上添枷，鎖上添鎖，鑊湯下增柴炭，劍樹上助刀鎗，袈裟下失卻人身，萬劫難復。鐵漢聞之，也須淚落。祖師如此苦口勸人，曾許你且做事業，

---

❶❾❷　「那」，在此作「哪」解。

待臨終方念佛乎！又不見死心禪師道，『世間之人，財寶如山，妻妾滿前，日夜歡樂。他豈不要長生在世，爭奈前程有限，暗裡相催，符到奉行，不容住滯。閻羅老子，不順人情。無常鬼王，有何面目。且據諸人眼裡親見，耳裡親聞。前街後巷，親情眷屬，朋友兄弟，強壯後生，死卻多少。世人多云，待老來方念佛。好教你知，黃泉路上無老少，能有幾人待得老，到❽少年夭死者多矣。古人云：莫待老來方念佛，孤墳多是少年人。又云：自從早年，索妻養兒，經營家計，受盡萬千辛苦，忽然三寸氣斷，未免一旦皆休。若是孝順兒孫，齋得幾僧，看得部經，燒得陌紙，春三秋九，做得碗羹飯，哭得幾聲，猶是記憶爺娘。若是不肖之子，父母方死，骨頭未冷，作打財產，出賣田園，恣意作樂。以此較之，著甚麼急。兒孫自有兒孫福，莫與兒孫作馬牛。復引古德云：冷笑富家翁，營生忙似箭，囷內米生蟲，庫中錢爛貫，日裡把秤稱，夜間點燈算，形骸如傀儡，莫教繩索斷。』❾死心如此苦口勸人，曾許你且做事業，待臨終方念佛乎！當思人生在世，能有幾時。石火電光，眨眼便過。趁此未老未病之前，抖擻身心，撥棄世事，得一日光陰，念一日佛名。得一時工夫，修一時淨業。由他臨命終時，好死惡死，我之盤纏預辦了也，

---

❽　「到」，即「倒」，「到是」乃「倒是」之意。

❾　宋・死心悟新：〈死心和尚淨土文〉，收入《西方公據》（香港：香港佛經流通處，1994 年），頁 29–30。按：所引之文與原文略有出入。

我之前程穩穩當當了也。若不如此，後悔難追。思之！思之！」

【第二十問・導讀】20-2

相對而言，即使無此惡緣，但仍有其他障礙，使得臨終時無法念佛，天如惟則禪師列舉了六種情況：

一、假使沒有上述惡緣，只因病而自然死亡，但在死亡過程裡不免四大分離時受到風刀解體，如生龜脫筒，螃蟹落湯，痛苦逼迫，內心惶恐驚怖而無法念佛。

二、假使無病而死，但因世緣未了，世念未休，貪生怖死，擾亂胸懷。再加上家私未明，後事未辦，妻啼子哭，百種憂煎而無法念佛。

三、假使未死以前只些許病痛在身，但因忍受疼痛之苦，叫喚呻吟，問藥求醫，祈禱懺悔，雜念紛飛而無法念佛。

四、假使未病以前只是年紀老邁，但因衰相現前，老態龍鍾，盡日憂愁慨歎，在衰老的軀體上百般安排而無法念佛。

五、假使未老以前的少壯時日，正好念佛，但因狂心未歇，俗務纏身，東攀西緣，胡思亂想，業識茫茫而無法念佛。

六、假使清閒自在，有志修行，但因對世相照不破、放不下、把不定、坐不斷，稍有境界現前時便做不得自己的主人，隨他顛倒而無法念佛。

　　可見，無論在老病之時或少壯清閑之日，只要有事掛在
心頭，平時便已無法念佛，何況臨終的時候！轉進一層而言，
平時面對生、老、病、死時已張皇失措，何況還從事世間事
業。在佛教的教導裡，強調世間事業如夢如幻，如影如響，
沒有一件事能替代生死事。即使廣造寺院，增加常住，或攀
緣求取名位，結交達官豪紳等等，並非做了什麼好事，倒是
犯了「不體道本，廣造伽藍」等戒。《金剛經》云：「一切有
為法，如夢幻泡影。如露亦如電，應作如是觀。」❶❾❺是知人間
無事非虛，世上有為皆幻。鏡花水月，茫茫無憑；海市蜃樓，
渺渺易散。天如惟則禪師說：「有為之功，多諸過咎，天堂未
就，地獄先成，生死未明，皆成苦本。」又說：「眼光落地，
受苦之時，方知平生所作，盡是枷上添枷，鎖上添鎖，鑊湯
下增柴炭，劍樹上助刀鎗，袈裟下失卻人身，萬劫難復。鐵
漢聞之，也須淚落。」類似這樣的教導，在佛教裡已是成說，
例如《大乘起信論》云：「一切世間有為之法，無得久停，須
臾變壞。……應觀世間一切有身，悉皆不淨，種種穢汙，無
一可樂。」❶❾❻《法苑珠林》云：「若執有漏世間事業，取以為道，
即名戒取。」❶❾❼近代闡揚人間淨土甚力的星雲大師 (1927-)

---

❶❾❺　《金剛般若波羅蜜經》，卷1，《大正藏》，第8冊，頁752b。

❶❾❻　馬鳴菩薩造、南梁·釋真諦 (499–569) 譯：《大乘起信論》，卷1，
　　　《大正藏》，第32冊，頁582c。

❶❾❼　唐·釋道世 (?–683)：《法苑珠林》，卷72，《大正藏》，第53冊，頁
　　　835a。

曾說：「在人生的旅途上，處處充滿了誘惑、陷阱，如果不懂得『回頭』，終將陷入萬劫不復之境。……金錢名利，一心貪求；高官厚祿，心嚮往之。可是名枷利鎖，框縛了古今多少的英雄好漢？……人生世間，在我們面前的只有半個世界；如果懂得『回頭』，也還有半個世界。前面的半個世界只是個窄門，大家都往這個窄門裡擠，當然要擠得頭破血流；假如能夠回頭，看看後面的半個世界，無人爭、無人搶，何等寬廣？何等逍遙自在呀！」❶❾❽應知學道的人須將一切俗緣看淡，隨遇而安，能於塵事少一分，道力即增一分。

　　然而，世人亦然看不破、想不開、放不下。死心悟新禪師 (1044–1115) 說，當世人擁有如山的財寶及滿堂的妻妾，每天生活在歡悅之中，他難道不想長生不死，奈何所餘的前程歲月有限，一旦催命符到來，容不得須臾停滯，一如俗語說「閻羅老子不順人情，無常鬼王有何面目」。世人誰無死，百年身世，轉眼即逝。在咱們的親朋好友裡，哪個不死？世人常以生活奔波勞頓為藉口，而說等到年老時才念佛。但須知的是，黃泉路上沒有老少之分，而且能有幾人活到老，倒是少年夭折死亡的多。古人說：「莫待老來方念佛，孤墳多是少年人。」莫非是一大警策。

　　除上述的顛倒執著之外，世人從年輕伊始，娶妻生子，經營家計，受盡千辛萬苦，但當一氣不來時，一切終將化為

❶❾❽　釋星雲：《迷悟之間》(臺北：香海文化公司，2002 年 3 月初版四刷)，〈回頭轉身〉，頁 148–149。

烏有。假若兒孫孝順，尚會齋僧、誦經、燒冥紙，在每年的
忌辰，祭上一碗羹飯，哭得幾聲流數行淚，這還能勉強說具
有懷念父母的孝思。假若是不肖之子，父母新死不久，骨頭
未寒，便爭相盤算財產，出賣田園，恣意作樂。由此觀之，
何須急於經營家計，俗云「兒孫自有兒孫福，莫與兒孫作馬
牛」。最後死心悟新禪師引用古德之語，云：

> 冷笑富家翁，營生忙似箭。囷內米生虫，庫中錢爛貫。
> 日裡把秤稱，夜間點燈算。形骸如傀儡，莫教繩索斷。

這種苦口婆心的勸誡，怎會是叫我們把心放在世間事業，然
後等到臨終時才念佛！人生在世，沒有多少時日，猶如石火
電光，瞬眼即逝。因此須趁著未老、未病之前，抖擻全付精
神心力，不為世事所擾，盡力掌握時間，修持念佛法門。等
到命終時，無論好死或歹死，只要往生資糧預先準備妥切，
那麼，前程便穩當而光明。若不如此打算，屆時將後悔莫及。

最後再引用一則公案，作為本則問答的結語。

有一個富翁過六十歲生日，請良寬禪師為他誦經祈壽。
禪師問：「你要求多少歲壽呢？」富翁想了一想，說：「再求二
十年吧！」禪師說：「你已經六十歲了，再過二十年，才八十
歲而已，太少了吧！」「難道可以再增加嗎？那就一百歲吧！」
良寬禪師說：「一百歲也只是增加四十年，也是很快就會過去
的！」「難道可以求一百二十歲嗎？」「一百二十歲，也只不過
是增加六十年；你已經有六十歲了，再增加六十年，也沒有

什麼了不起!」富翁問:「那怎麼辦呢?」良寬禪師說:「那就求『無量壽』啊!」⑲無量壽是阿彌陀佛的另一個名號,我們如果稱佛名號而往生極樂淨土,壽命與佛同儔。

【第廿一問‧原典】

問曰:「吾之言過矣。駟不及舌矣。承師之教,誰不寒心。奈何人心易進易退,一聞警策,勇猛精勤。忽於目前逢一障難,便轉念頭,別求方便,都道淨業只是身後之事,於今目前無所利濟,從此身心一時放退。是亦無怪其然耶!」

答曰:「汝之所見未廣也。豈不見經中道,受持佛名者,現世當獲十種勝利:一者,晝夜常得一切諸天,大力神將,河沙眷屬,隱形守護。二者,常得二十五大菩薩,如觀世音等,及一切菩薩,常隨守護。三者,常得諸佛晝夜護念,阿彌陀佛常放光明,攝受此人。四者,一切惡鬼,若夜叉,若羅剎,皆不能害。一切毒蛇、毒龍、毒藥,悉不能中。五者,火難水難,怨賊刀箭,牢獄枷鎖,橫死枉生,悉皆不受。六者,先所作業,悉皆消滅。所殺怨命,彼蒙解脫,更無執對。七者,夜夢正直,或復夢見阿彌陀佛勝妙色像。八者,心常歡喜,顏色光澤,氣力充盛,所作吉利。九者,常為一切世間人民恭敬供養,歡喜禮拜,猶如敬佛。十者,命終之時,心無怖畏,正念現前,得見阿彌陀佛,及諸聖眾,持金蓮華,

⑲　釋星雲:《迷悟之間》,〈人生無量壽〉,頁207。

接引往生西方淨土，盡未來際，受勝妙藥 ⑳。如上十種利益，
經文具載，乃佛口之所宣也。既是現生來世，皆有利益。然
則世出世間要緊法門，無如念佛者矣。但當精進，不用懷疑。」

【第廿一問 · 導讀】

　　此問論及念佛對現世所得的利益如何？一般人認為念佛
僅對下一世有助益，尤其是在臨終時可藉由念佛而往生極樂
世界，或因念佛而消除部分業障而投生善道。然而，念佛的
功德不只來世得益，亦對現世有無比的殊勝利益。

　　天如惟則禪師舉出經文言及的十種念佛利益：

一、晝夜常得一切諸天，大力神將以及他們的無量眷屬，
　　隱形守護。

二、常得二十五位大菩薩，如觀世音菩薩等隨身守護。

三、晝夜常得諸佛護念，阿彌陀佛常放光明攝受此人。

四、一切惡鬼如夜叉、羅剎，皆不能害。一切毒蛇、毒
　　龍、毒藥，悉不能中。

五、火難水難，冤賊刀箭，牢獄枷鎖，橫死狂生，悉皆
　　不受。

六、以前所做的惡業，悉皆消滅。過去所殺的冤命，皆
　　蒙解脫，不再執對。

---

⑳　以上所言「受持佛名者，現世當獲十種勝利」，參閱石芝宗曉：《樂
　　邦文類》，卷 2，〈慈雲懺主遵式 · 往生西方略傳序〉，《大正藏》，第
　　47 冊，頁 167c。

七、夜裡所夢皆屬正直之事，或者夢見阿彌陀佛的勝妙
　　色像。

八、心常歡喜，顏色光澤，氣力充盛，所作吉利。

九、常為一切世間人民恭敬供養，歡喜禮拜，猶如敬佛。

十、命終之時心無怖畏，正念現前，得見阿彌陀佛及諸
　　聖眾持金蓮華，接引往生西方淨土，盡未來際，受
　　勝妙樂。

上述十種殊勝的利益，除第十種之外，其餘九種皆與現世有
直接關係。念佛行者不但可得到諸天、菩薩、佛的守護（第
一～三種）；還不會橫遭厄運如遇夜叉、羅剎、毒蛇、毒龍、毒
藥所害，及遭受火難、水難、冤賊刀箭、牢獄枷鎖等迫害（第
四～五種）；過去所做惡業消除及夜裡好夢，甚至夢見阿彌陀佛
的金色聖像（第六～七種）；心中常存歡喜心，容顏光澤怡人，
體力充沛旺盛，並為人所皈仰禮拜（第八～九種）。可見利益殊
勝，無與倫比。如果詳加論述，無論現世或來世的利益，《念
佛鏡》舉出更為詳盡的說法，茲列述如下，以供參酌：

依善道和尚所集錄，念佛計有二十三種利益：

一、滅重罪障益。

二、光明攝受益。

三、大師護念益。

四、菩薩冥加益。

五、諸佛保護益。

六、八部防衛益。

七、功德寶聚益。

八、多聞智慧益。

九、不退菩提益。

十、奉覲大雄益。

十一、感聖來迎益。

十二、慈光照觸益。

十三、聖友同讚益。

十四、聖友同迎益。

十五、神通空駕益。

十六、身色殊姿益。

十七、壽命長劫益。

十八、得生勝處益。

十九、面睹聖眾益。

二十、常聞妙法益。

二十一、證無生法忍益。

二十二、歷事他方受記益。

二十三、還歸本國得陀羅尼益。

依大行和尚所言，計有十種利益：

一、佛力。

二、易作。

三、功德最多。

四、自他極喜。

五、速得見佛。

六、定得不退。

七、定生極樂。

八、更不離佛。

九、壽命長遠。

十、與聖無異。

依諸種經典所言，計有三十種利益：

一、滅除諸罪。

二、功德無邊。

三、諸佛法中勝。

四、諸佛同證。

五、諸佛同護。

六、十方諸佛同勸信念。

七、所有疾患念佛總除。

八、臨命終時心不顛倒。

九、念佛一法攝多法。

十、命終之時佛自來迎。

十一、用少功德速生淨土。

十二、華臺中化生。

十三、身黃金色。

十四、壽命長遠。

十五、長生不死。

十六、身有光明。

十七、具三十二相。

十八、獲六神通。

十九、得無生法忍。

二十、常見諸佛。

二十一、與諸菩薩共為伴侶。

二十二、香華音樂六時供養。

二十三、衣食自然長劫無盡。

二十四、任運進道直至菩提。

二十五、常得少年無有老相。

二十六、常得強健無有病時。

二十七、更不重墮三塗地獄。

二十八、受生自在。

二十九、晝夜六時常聞妙法。

三十、住不退地。 ㉛

無論上述的十種、廿三種或三十種說法，皆能讓我們從廣泛的角度來思維念佛的功德利益，並且讓人產生無比的信心，只要有信心，便永遠不會挫敗。如果我們真能肯認念佛可以帶來如此眾多利益，相信每個人皆能依此而發出光芒，行自利利他的事業。

　　是的，發光並非太陽的專利，有足夠信心的人照樣能發光。一般人皆知生命太過短暫，今天如果放棄，明天不一定能得到。換言之，因緣一旦失去，機會便難以再次呈現。今

㉛　唐 · 釋道鏡、釋善道：《念佛鏡》，卷 1，《大正藏》，第 47 冊，〈第三 · 念佛得益門〉，頁 123a–b。

生有緣遇此法門，不論各人在何時、何處、何境開始修持，重要的是開始之後就不要停止，因為成就一切偉大的行動或思想，都從微不足道的地方起步。

　　人生最為重要的不是站在什麼位置，而是朝什麼方向前進，只要不失去方向，就不會失去自己。就念佛法門而言，來世往生極樂世界或現世得以自利利他，表明念佛行者是生存在目標及希望的情境中，這樣，即使痛苦也會成為歡樂。畢竟，有理想的地方，地獄就是天堂，娑婆就是淨土。

【第廿二問‧原典】

　　問曰：「念佛之門，多承開導，群疑盡釋，正信現前矣。但上文所謂抖擻身心，撥棄世事。今世網中人，間有境緣順便，身意安閑者，則可依此而行。其有世事不容撥棄者，又當何以教之?」

　　答曰：「世網中人，若是痛念無常，用心真切者，不論苦樂逆順，靜鬧閒忙，一任公私幹辦，迎賓待客，萬緣交擾，八面應酬，與他念佛，兩不相妨。不見古人道：『朝也阿彌陀，暮也阿彌陀，假饒忙似箭，不離阿彌陀。』又云：『竹密不妨流水過，山高豈礙白雲飛。』其有世緣稍重，力量稍輕者，亦須忙裡偷閒，鬧中取靜，每日或念三萬聲、一萬聲、三千聲、一千聲，定為日課，不容一日放過。又有冗忙之極，頃刻無閒者，每日晨朝必須十念，積久功成，亦不虛棄。念佛之外，

或念經禮佛，懺悔發願。種種結緣，種種作福，隨力布施，修諸善功以助之。凡一毫之善，皆須回向西方，如此用功，非唯決定往生，亦且增高品位矣。」

【第廿二問・導讀】

　　上一問答讓提問者產生無比的信心，因而說「群疑盡釋，正信現前」。建立正信是非常重要的，只要有信心，永遠不會挫敗。理想的前程是為有信心的人而預備。上文已對信心作出相應說明，在此不贅。然而，這兒提出的問題是，假若為世間事物所羈絆的人，在不能任意拋棄放置的情況下，該如何面對，以及如何修持？

　　天如惟則禪師指出，若是身處世網之中的人能夠深刻了解無常的道理，不論是在苦、樂、順、逆，或靜、鬧、閒、忙的情況下，都能真心念佛。即使平時酌理公事和私事，或迎賓待客，在千萬種外緣交相煩擾的情況，也與念佛不相妨礙。

　　這種說法，對一般人而言，坦白來講是「說時容易做時難」。

　　但唐代著名詩人白居易 (772–846) 的〈念佛偈〉云：

　　　　余年七十一，不復事吟哦。

　　　　看經費眼力，作福畏奔波。

　　　　何以度心眼，一聲阿彌陀。

行也阿彌陀，坐也阿彌陀。

縱饒忙似箭，不廢阿彌陀。

日暮而途遠，吾生已蹉跎。

旦夕清淨心，但念阿彌陀。

達人應笑我，多卻阿彌陀。

達又作麼生，不達又如何。

普勸法界眾，同念阿彌陀。 ㉚

　　白氏早年以儒家自任，聰慧過人，官至刑部尚書。中年
歸向佛門，親近當代高僧，根據他晚年自撰的〈醉吟先生墓
誌銘〉記載，生平的志行大抵為「外以儒行修其身，內以釋
教治其心，旁以山水風月歌詩琴酒樂其志」。並曾經作〈讚〉
云：「十方世界，天上天下，我今盡知，無如佛者。堂堂巍巍，
天人之師，故我禮足，讚歎歸依。」可見他歸佛向佛之心異常
懇切。太和六年 (832) 重修洛陽香山寺，並與洛陽佛光寺的僧
人創立香火社以修佛事，發願往生西方，自此從不怠惰，直
到終年。他在會昌六年逝世，享年七十五歲。上文的〈念佛
偈〉寫於七十一歲時，可見他晚年以修持淨業，往生西方極
樂為願。此偈透露出身為居士的人，在煩擾的俗塵裡亦能安
然地念佛，做到「行也阿彌陀，坐也阿彌陀。縱饒忙似箭，

<hr>

㉚　唐‧白居易：〈念佛偈〉，《蓮華世界詩》，收入釋蕅益選定、釋印光
　　編訂：《淨土十要‧附本》，頁 802–803。按：此偈又名〈白樂天淨
　　土頌〉。

不廢阿彌陀」。前人曾輯錄念佛四十八法,其中有「到處持名」、「忙中持名」、「閙中持名」❷⓪❸,所言跟白氏的勸諭有異曲同工之處。此外,天如惟則禪師又引用宋代臨濟宗的圓悟克勤禪師 (1063–1135) 所云:「竹密不妨流水過,山高豈礙白雲飛。」❷⓪❹ 在在表明為煩瑣事物所羈之人,亦能忙裡偷閒,互不相礙地修持念佛法門。

然而每天的日課應如何進行? 對於世緣稍重的人,每日可依各人的情況固定持佛名號三萬聲、一萬聲、三千聲或一千聲。對於非常冗忙,實無頃刻悠閑的人,也須每日固定修持十念法❷⓪❺。如此一來,久而久之必定有成。除了念佛之外,尚須誦經禮佛,懺悔業障,發願往生。並且將平日善施福德迴向西方,如此修持用功,不但必定順利往生,還能增高往生的品位。

關於每天所訂立的日課,在此進一層說明。所謂「日課」又稱作「功課」,亦名「課誦」。指佛教寺院定時念持經咒、禮拜三寶和梵唄歌讚等法事。因做這些法事可獲功德,故名功課。自趙宋以後,特別在明代,中國叢林普遍實行「朝暮課誦」制(亦稱「二時功課」、「二課」、「早晚課」),與經、懺等法事

---

❷⓪❸ 鄭韋庵:《念佛四十八法》(香港:香港佛經流通處,1998 年),頁4–5。

❷⓪❹ 宋·圓悟克勤:《圓悟佛果禪師語錄》,卷 6,《大正藏》,第 47 冊,頁 739b。

❷⓪❺ 下一問會談到何謂「十念法門」,以及如何操作「十念法門」。

並列，成為寺院通行的規制。就修持淨土法門而言，是以「稱名念佛」作為每日的功課，如唐代道綽大師 (562–645) 每日稱念佛名七萬遍作為日課，善導大師 (613–681) 撰述《觀經疏》時每日課誦《阿彌陀經》三遍，以及持佛名號三萬遍，完稿後的七日內，誦經十遍、念佛三萬遍。近代印光大師曾依據「不忙」、「極忙」、「半閑半忙」等三種情況，分別為在家居士訂立三種日課的修持方式，簡述如下：

一、不忙者：

> 晨朝向佛禮拜畢，先念《阿彌陀經》一遍，〈往生咒〉三遍畢。即念〈讚佛偈〉，即「阿彌陀佛身金色」偈。念偈畢，念「南無西方極樂世界大慈大悲阿彌陀佛」，隨即但念「南無阿彌陀佛」六字，或一千聲，或五百聲，當圍繞念。若不便繞，或跪、或坐、或立，皆可。念至將畢，歸位跪念觀音、勢至、清淨大海眾菩薩，各三稱。然後念〈淨土文〉，發願回向往生。念〈淨土文〉者，令依文義而發心也。若心不依文而發，則成徒設虛文，不得實益矣。〈淨土文〉畢，念〈三歸依〉，禮拜而退。此為朝時功課，暮亦如之。若欲多多禮拜者，或在念歸位之時，則禮若干拜佛外，九稱菩薩，即作九禮。禮畢，即發願回向。或在功課念畢禮拜，隨己之便，皆無不可。❷⁰⁶

---

❷⁰⁶ 釋印光著、釋廣定編：《印光大師全集》，第一冊，〈與陳錫周居士書〉，頁 72–73。

　　雖然「不忙者」時間充裕，但印光大師為他們所訂立的
功課跟叢林「朝暮課誦」相較，還是簡約得多；當中包括禮
拜佛菩薩像、念誦《阿彌陀經》、〈往生咒〉、〈讚佛偈〉、持念
「南無阿彌陀佛」名號、念誦〈淨土文〉、〈三歸依〉。早晚各
一次。

　　二、極忙者：

> 事務多端，略無閒暇。當於晨朝盥漱畢，有佛（像）則禮
> 佛三拜，正身合掌念「南無阿彌陀佛」，盡一口氣為一念，
> 念至十口氣，即念〈小淨土文〉。或但念「願生西方淨土
> 中」四句偈。念畢禮佛三拜而退。若無佛（像）即向西問
> 訊，照上念法而念。此名「十念法門」，乃宋慈雲懺主為
> 王臣政務繁劇，無暇修持者所立也。㉗

　　「極忙者」所用的是慈雲懺主 (964–1032) 之「十念法門」，
極忙者的修習進程包括禮拜佛菩薩像（無佛像則可免禮）、持
念「南無阿彌陀佛」名號、念誦〈小淨土文〉。懺主「十念法
門」的操作方式是，盡一口氣為一念，念至十口氣為止，故
名十念。

　　三、半閑半忙者：

> 極閑極忙，既各有法。則半閑半忙者，自可斟酌其間而為
> 修持法則也。㉘

㉗　同上，〈與陳錫周居士書〉，頁 73。

　　對半閑半忙的行者來說，印光大師認為行者可斟酌自己
的時間，靈活運用不忙及極忙兩種方法。印光大師反對繁文
縟節，充場面、失實益的修持態度，以為功課「愈簡愈妙」❷，
尤其對初習者來說，簡約的原則更為重要。印光大師說：「若
都是久修者，不妨依禪門日誦而念。若初心者多，則無論朝
暮，均可以念《彌陀經》、〈往生咒〉，即念佛矣。」❷又說：
「早晚立一功課，或念《彌陀經》一遍，〈往生咒〉三遍，即
念〈讚佛偈〉、念佛，或一千、八百、五百，隨各人工夫立。
若忙極，則用『晨朝十念法』念。」❷換言之，初習者不宜負
擔沉重，以免失去興味而懈怠。

【第廿三問‧原典】

　　問曰：「泛言念佛，未有其方。且十念回向之法，亦所未
喻，幸詳以示之。」

　　答曰：「念佛者或專緣三十二相，繫心得定。開目閉目，
常得見佛。或但專稱名號，執持不散。亦於現身，而得見佛。

❷　同上，〈與陳錫周居士書〉，頁 73。
❷　釋印光著、釋廣定編：《印光大師全集》，第二冊，〈復陳慧新居士
　　書〉，頁 1057。
❷　同上，頁 1057。
❷　釋印光著、釋廣定編：《印光大師全集》，第二冊，〈復吳希道居士
　　書〉，頁 1071。

此間現見，多是稱佛名號為上。稱佛之法，必須制心，不令
散亂。念念相續，繫緣佛號。口中聲聲喚阿彌陀佛，以心緣
歷，字字分明。稱佛名時，無管多少，並須一心一意，心心
相續。如此方得一念滅八十億劫生死之罪。若不然者，滅罪
良難。十念者，每日清晨，面西正立合掌，連聲稱阿彌陀佛，
盡一氣為一念。如是十氣，名為十念。但隨氣長短，不限佛
數多少，唯長唯久，氣極為度。其佛聲不高不低，不緩不急，
調停得中。如是十氣，連屬不斷，意在令心不散，專精為功。
故名此為十念者，顯是藉氣束心也。盡此一生，不得一日暫
廢。回向發願者，念佛既畢，即云：『弟子某，一心皈命極樂
世界阿彌陀佛，願以淨光照我，慈誓攝我。我今正念，稱如
來名，為菩提道，求生淨土。佛昔本誓，若有眾生，欲生我
國，至心信樂，乃至十念，若不生者，不取正覺。願此念佛
因緣，得入如來大誓海中。承佛慈力，眾罪消滅，淨因增長。
若臨命終，自知時至。身無病苦，心不貪戀，亦不顛倒，如
入禪定。佛及眾聖，手持金臺，來迎接我。如一念頃，生極
樂國，華開見佛，即聞佛乘，頓開佛慧，廣度眾生，滿菩提
願。』㉒如上念佛之法，至於回向，乃先德垂訓切要之方，盛
傳於世久矣。當遵而行之。」

㉒　以上「十念法門」及迴向方法，參閱宋·四明遵式（慈雲懺主）：《往
　　生淨土決疑行願二門》，卷1，《大正藏》，第47冊，頁147a–147b。

【第廿三問・導讀】

　　在上一問答裡，天如惟則禪師曾提出「十念法」及「迴向」等，因而提問者在此進一步提問念佛方法及迴向方法。天如惟則禪師這裡所介紹的，大抵以慈雲懺主的成說為依歸。

　　此處指出兩種念佛方法：

一、「念佛者或專緣三十二相，繫心得定。開目閉目，常得見佛。」這屬觀想念佛法。修持者須端正身心，觀想佛身相好光明等莊嚴相。根據《觀佛三昧海經》及《坐禪三昧經》記載，假若能在佛的三十二相中專觀一相，便能滅除九十億那由他恆河沙塵數劫之生死重罪；假若能觀佛的全身相好，見十方三世諸佛出現在眼前，可滅除無量劫之罪。

二、「專稱名號，執持不散。亦於現身，而得見佛。」這屬持名念佛法。《佛說阿彌陀經》云：「若有善男子、善女人，聞說阿彌陀佛，執持名號，若一日、若二日、若三日、若四日、若五日、若六日、若七日，一心不亂，其人臨命終時，阿彌陀佛與諸聖眾現在其前，是人終時心不顛倒，即得往生阿彌陀佛極樂國土。」❷¹³所謂「執持」指憶念不忘。雖然口稱佛名，但須一心憶念不忘，否則散心稱名，無法得到實際效益，如「滅八十億劫生死之罪」。

❷¹³　《佛說阿彌陀經》，《大正藏》，第 12 冊，頁 347b。

　　至於「十念法門」(又稱「晨朝十念法門」)及「迴向發願法」，也是依據慈雲懺主的說法，據《往生淨土決疑、行願二門》記載，其法如下：

　　　每日清晨服飾已後，面西正立合掌。連聲稱阿彌陀佛，盡
　　　一氣為一念，如是十氣，名為十念。但隨氣長短，不限佛
　　　數，惟長惟久，氣極為度。其佛聲不高不低，不緩不急，
　　　調停得中，如此十氣，連屬不斷，意在令心不散，專精為
　　　功故。名此為十念者，顯是藉氣束心也。作此念已，發願
　　　迴向，云：「我弟子(某甲)，一心歸命極樂世界阿彌陀佛，
　　　願以淨光照我，慈誓攝我。我今正念，稱如來名，經十念
　　　頃，為菩提道，求生淨土。佛昔本誓，若有眾生，欲生我
　　　國，至心信樂，乃至十念，若不生者，不取正覺，唯除五
　　　逆，誹謗正法。我今自憶，此生已來，不造逆罪，不謗大
　　　乘，願此十念，得入如來，大誓海中。承佛慈力，眾罪消
　　　滅，淨因增長。若臨欲命終，自知時至，身不病苦，心無
　　　貪戀，心不倒散，如入禪定，佛及聖眾，手持金臺，來迎
　　　接我，如一念頃，生極樂國，華開見佛，即聞佛乘，頓開
　　　佛慧，廣度眾生，滿菩提願(作此願已，便止，不必禮拜。要
　　　盡此一生，不得一日暫廢，唯將不廢，自要其心，得生彼國)。」❷⁴

---

❷⁴　宋·四明遵式(慈雲懺主):《往生淨土決疑行願二門》,《大正藏》,
　　第 47 冊, 頁 147a–b。慈雲懺主的「晨朝十念法」於《廬山蓮宗寶
　　鑑》, 卷 2,《大正藏》, 第 47 冊, 頁 313a;《龍舒增廣淨土文》, 卷

　　「十念法門」特別講求簡便，省去許多儀式，只須合掌
面西正立，念完十口氣的佛號即可。它的念法乃以一口氣連
聲稱念佛號作為一念，念時聲音須調停得中，以免傷氣。慈
雲懺主說此法的要點在於「藉氣束心」。不過，印光大師曾對
「藉氣束心」有不同看法，因為「藉氣束心」雖對攝心具有
無比功效，但使用不當會產生弊端，他說：

> 以眾生心散，又無暇專念。如此念時，借氣攝心，心自不
> 散。然須隨氣長短，不可強使多念，強則傷氣。又止可十
> 念，不可二十、三十，多亦傷氣。以散心念佛，難得往生，
> 此法能令心歸一處，一心念佛，決定往生。念數雖少，功
> 德頗深。❹

　　這段話可視為印光大師對慈雲懺主「十念法門」的補充
說明。它指出此法的益處在於能令念佛者借氣攝心（即藉氣束
心），達到心不散亂，心歸一處。不過操作之際應注意兩個要
點，以防止傷氣的弊病出現：一是須隨個人的氣息長短來念，
不可故意拉長氣息；二是不可多用，每次只能十念，多至二
十、三十念則會傷氣❹。而且每日只能於清晨時使用一次，

　　12，《大正藏》，第47冊，頁287c；《樂邦文類》，卷4，《大正藏》，
　　第47冊，頁210b，等處亦有記載。

❹　釋印光著、釋廣定編：《印光大師全集》，第一冊，〈與陳錫周居士
　　書〉，頁73。

❹　有關「十念法門」的傷氣問題，亦可參閱《印光大師全集》，第一

再多也只能於早、午、晚等三次使用❼。

　　迴向發願是以自己的念佛功德，迴向法界一切眾生，悉皆往生西方，具體顯露大乘慈悲精神。發願時應當簡略敷陳，不可說空話，專發些不著邊際的誓願。上文所引慈雲懺主的發願文字，字字珠璣，無一字空發，無一言虛應，在在表明修持的決心及往生極樂世界的信心。一般而言，淨土宗強調兩種迴向方式：一是「往相迴向」，將自己過去和今世所做的功德迴向給眾生，願共同往生極樂淨土；二是「還相迴向」，若已經往生極樂淨土，便發起大悲心，迴入娑婆世界來教化眾生，願共同修持佛道。

【第廿四問·原典】

　　問曰：「世網中人，隨量指授微細方法，靡不詳明矣。然則我輩世外❽之人，又當何以加其功焉。」

　　答曰：「前不云乎，修有多類，攝成三門。如是三門，門門可入。或單或兼，隨意之所取耳。」

　　　冊，〈復包右武居士書一〉，頁222。

❼　參閱釋印光著、釋廣定編：《印光大師全集》，第三冊（上），〈復丁福保居士書〉，頁177。

❽　「世外」，猶言「方外」，今謂僧道為「方外」。

【第廿四問‧導讀】

前面幾問都以在家眾為主，此問則針對出家眾本身來提問修持方法。

天如惟則禪師指出，無論在家或出家之人，皆可從前文所言的三種門徑來修持，或單選一種，或三種兼修皆可。這三種修持法門為：「觀想」、「憶念」、「眾行」，曾於第七問說明過。

【第廿五問‧原典】

問曰：「圓觀之修，唯心之念，似乎上器之行門。華嚴十願⑲，寶積十心⑳，亦乃大根之功用。倘根器之不對，則功行之難成。今吾自揣其根，觀吾自好，唯在專持名號，暇則或加禮拜懺悔而已。師以為如何？」

答曰：「善哉！善哉！汝知量矣。觀汝之言，正合善導專修無間之說矣。專修者，謂『眾生障重，境細心麤，識颺神飛，觀難成就，是以大聖悲憐，直勸專稱名號。正由稱名易，故相續即生。若能念念相續，畢命為期，十即十生，百即百生。何以故？無外雜緣得正念故；與佛本願相應故；不違教故；順佛語故。若捨專修，而修雜業，以求生者，百中希得

---

⑲　「華嚴十願」，曾說明於第七問之「眾行門」。

⑳　「寶積十心」，亦說明於第七問之「眾行門」。

一二，千中希得三四。乃由雜緣亂動失正念故；與佛本願不相應故；與教相違故；不順佛語故；繫念不相續故；心不相續報佛恩故；雖有業行，常與名利相應故；樂近雜緣，自障障他生淨土故。無間修者，身須專禮阿彌陀佛，不雜餘禮；口須專稱阿彌陀佛，不稱餘號，不誦餘經；意須專想阿彌陀佛，不雜餘想。又若貪瞋癡來間者，隨犯隨懺，不令隔日、隔夜、隔時，常使清淨，亦名無間修也」㉑。善導和尚者，天竺傳中，稱為彌陀化身也㉒。觀其專修無間之說，要緊只在念念相續。故孤山亦云，『不可等閒發願，散亂稱名。』㉓永明亦云，『直須一心歸命，盡報精修。坐臥之間，常面西向。當行道禮敬之際，念佛發願之時，懇苦翹誠，無諸異念，如就刑戮，若在狴牢，怨賊所追，水火所逼，一心求救，願脫苦輪，速證無生，廣度含識，紹隆三寶，誓報四恩。如斯至誠，方不虛棄。如或言行不稱，信願輕微，無念念相續之心，有數數間斷之意，恃其懈怠，臨終望生，但為業障所遮，恐難值其善友，風火逼迫，正念不成。何以故？如今是因，臨終是果。應須因實，果則不虛。聲和則響順，形直則影端故

㉑　參閱唐·釋善導：《往生禮讚偈》，卷1，《大正藏》，第47冊，頁439
　　a–439b；《觀無量壽佛經疏》，卷4，《大正藏》，第37冊，頁272b。
　　按：正文內容大部分引自宋·石芝宗曉：《樂邦文類》，卷4，《大正藏》，
　　第47冊，頁210a，與善導大師原文比對，略有增潤。
㉒　參閱明·釋蓮池：《往生集》，卷1，《大正藏》，第51冊，頁130c。
㉓　宋·孤山智圓：《阿彌陀經疏》，卷1，《大正藏》，第37冊，頁355b。

也。」❷❷❹」

【第廿五問・導讀】

修行講求相應，無論何種行門，只要根器相應，必有所成。提問者自認能力低劣，選擇「圓觀」、「唯心」、「十願」、「十心」等適合上器大根的法門恐難有成就。他依自己的根器高低情況及觀察個人偏好，擇定「專持名號」和「禮拜、懺悔」的修持方法。並詢問天如惟則禪師這樣修持如何？

禪師說，依提問者的修持方式來看，正符合善導大師所言的「專修無間」之法。

在說明善導大師「專修無間」的說法前，稍加介紹大師所言的正行、助行、雜行等觀念，以便於了解其義。

所謂「正行」指善導大師所倡導的五正行：

一、讀誦正行：一心讀誦淨土聖典，尤其淨土三經。

二、觀察正行：一心觀想阿彌陀佛之相好，及淨土之種種依正莊嚴。

三、禮拜正行：一心禮拜阿彌陀佛。

四、稱名正行：一心稱念阿彌陀佛之名號。

五、讚歎供養正行：一心讚歎供養阿彌陀佛。　❷❷❺

在這「五正行」當中，「讀誦」、「觀察」、「禮拜」、「讚歎供養」

❷❷❹　宋・永明延壽：《萬善同歸集》，卷1，《大正藏》，第48冊，頁968c。

❷❷❺　唐・釋善導：《觀無量壽佛經疏・散善義》，卷4，《大正藏》，第37冊，頁272b。

為助行，又稱為助業；「稱名」特別符合彌陀本願，故為正行，又稱為正業。因此，以正信心修持「稱名」即名為「專修念佛」。由此得知，天如惟則禪師說明「專修」時引用《往生禮讚偈》的說法：「眾生障重，境細心麤，識颺神飛，觀難成就，是以大聖悲憐，直勸專稱名號。正由稱名易，故相續即生。」表明專修稱名念佛。

此外，「雜行」指正行、助行以外的修行及一切諸善萬行。例如：

一、讀誦雜行：為往生極樂世界而讀誦淨土三經以外的經典。

二、觀察雜行：為往生極樂世界而觀想極樂淨土以外的依正。

三、禮拜雜行：為往生極樂世界而禮拜阿彌陀佛以外的諸佛菩薩。

四、稱名雜行：為往生極樂世界而稱念阿彌陀佛以外的諸佛菩薩名號。

五、讚歎供養雜行：為往生極樂世界而讚歎供養阿彌陀佛以外的諸佛菩薩。

總之，五正行以念佛為正業，其他為助業，而念佛之外兼修其他助業及雜行者，則屬雜修。善導大師還論及「正行」、「雜行」二種修法的得失，指出專修稱名能得四種益處；雜修其餘則會有十三種缺失。並且強調專修的人必得往生，千無一失；雜修的必不得往生，千中無一。

接著介紹「無間修」。

天如惟則禪師說明「無間修」時，引用善導大師《觀無量壽佛經疏》、《往生禮讚偈》兩處內容。如「身須專禮阿彌陀佛，不雜餘禮；……意須專想阿彌陀佛，不雜餘想」，即上文說明的《觀無量壽佛經疏》五正行的部分，在此不贅。至於《往生禮讚偈》的部分，則以勸諭念佛行者四種修法（恭敬修、無餘修、無間修、長時修）的「無間修」為主，其意思是：恭敬禮拜、稱名讚歎、憶念觀察、迴向發願等，心心相續，不以餘業間斷，不以貪、瞋諸煩惱間隔。原文為：「無間修，所謂相續恭敬禮拜、稱名讚歎、憶念觀察、回向發願。心心相續，不以餘業來間，故名無間修。又不以貪瞋煩惱來間，隨犯隨懺，不令隔念、隔時、隔日，常使清淨，亦名無間修。」❷❷❻這裡須特別指出的是：「隨犯隨懺」指隨時犯有過錯，便隨即懺悔。違犯戒律所禁止的行為而生起煩惱，應即時懺悔，由此消滅罪障，以獲得清淨身。

善導大師的「專修無間」之說，最為要緊的地方是「念念相續」，而想成就「念念相續」則必須結合信願，因而天如惟則禪師引用孤山智圓大師「不可等閒發願，散亂稱名」，及永明大師「行道禮敬之際，念佛發願之時，懇苦翹誠，無諸異念，如就刑戮，若在狴牢，……如斯至誠，方不虛棄」的話，表示願力的重要。有願力配合才能放下一切，產生至誠心、恭敬心、報恩心，勇往直前；反之，信願不足，便無法

---

❷❷❻ 唐‧釋善導：《往生禮讚偈》，卷 1，《大正藏》，第 47 冊，頁 439a。

「念念相續」；無「念念相續」，便無法「正念現前」；無法「正念現前」，在臨終時希望往生極樂淨土，便因風火逼迫而難以實現。畢竟，種何種因，必得何種果，因果相應的事是絕不虛假，好比聲響相應，如影隨形一樣。從修行的因果關係上來看，這便是由修行的「因」感應成佛的「果」。

　　綜觀天如惟則禪師的回答，旨在說明善導大師「專修無間」之說，並強調其「念念相續」的重要性。文中提到善導大師是阿彌陀佛的化身，以增加此教化的真實性及重要性。

【第廿六問·原典】

　　問曰：「念念相續之修，豈非余所願也。奈何定力未成，念頭無主。或舊學未忘；或邪思亂起；或境緣相觸，照顧不牢；或情想紛飛，過捺不住，不覺念頭，東走西走，眨得眼來，千里萬里去了；又或惹著一毫世事，便是五日十日，半月一月，擺脫不去。豈特間斷而已哉！言之可慚，思之可慟，又當何策以治之？」

　　答曰：「嗚呼！此天下學者之通病也。汝當間斷之時，若不痛加鞭策，則專修無間之念，永無成就之期。余聞古人有三種痛鞭之策，今復為汝獻之，汝當諦而聽之：一曰報恩，二曰決志，三曰求驗。第一報恩者，既修淨土，當念報恩。佛恩國恩，固未暇論。只如父母養育之恩，豈非重恩。師長作成之德，豈非重德。你最初出家，便說要報重恩，後來行

腳，又說要報重德。離鄉別井，二三十年，父母師長艱難困
苦，你總不顧；父母老病，你又不看；及聞其死，你也不歸。
如今或在三途受罪受苦，望你救他，望你度他，你卻念念間
斷，淨土不成；淨土不成，自救不了；自救不了，如何救他。
既不能相救，你是忘恩負義，大不孝人，經云：『不孝之罪，
當墮地獄。』然則一念間斷之心，便是地獄業也。又且不蠶而
衣，不耕而食，僧房臥具，受用現成。你當勤修淨業，圖報
信施之恩。祖師道，此是施主、妻、子分上，減剋將來。道
眼未明，滴水寸絲也，須牽犁拽耙，償他始得㉗。你卻念念
間斷，淨土不成。淨土不成，酬償有分。然則一念間斷之心，
便是畜生業也。第二決志者，若學專修，志須決定。你一生
參禪，禪既不悟，及乎看教，教又不明，弄到如今，念頭未
死，又要說幾句禪，又要說幾句教，又要寫幾箇字，又要做
幾首詩，情挂兩頭，念分四路。祖師道：『毫釐繫念，三途業
因。瞥爾情生，萬劫羈鎖。』㉘你卻志無決定，情念多端。因
此多端，間斷正念。然則一念間斷之心，便是三途羈鎖業也。
又且守護戒根，志不決定，或因身口，念念馳求。教中道：
『寧以洋銅灌口，不可以破戒之口，受人飲食。寧以熱鐵纏
身，不可以破戒之身，受人衣服。』㉙況因諸戒不嚴，邪心妄

㉗ 參閱明‧圓極居頂 (?–1404)：《續傳燈錄》，卷9，《大正藏》，第51
　　冊，頁519a。

㉘ 宋‧大慧宗杲 (1089–1163)：《大慧普覺禪師語錄》，卷21，〈示妙淨
　　居士〉，《大正藏》，第47冊，頁900c。

動。因此妄動，間斷專修。然則一念間斷之心，何止熱鐵洋銅業也。又且斷除憎愛，志不決定，每於虛名浮利，自照不破。名利屬我，便生貪愛；名利屬他，便生憎妒。古人云：『貪名貪利，同趨鬼類。逐愛逐憎，同入火坑。』你卻因此愛憎，間斷淨土。然則一念間斷之心，便是餓鬼火坑業也。第三求驗者，既學專修，當求靈驗。你如今髮白面皺，死相現前，知道臨終，更有幾日。須在目前，便要見佛。只如盧山遠法師，一生之中，三度蒙佛摩頂❷❸⓿。又如懷感法師，稱念佛名，便得見佛❷❸①。又如少康法師，唱佛一聲，眾見一佛從口飛出。唱佛十聲，則有十佛從口飛出，如貫珠焉❷❸②。此等靈驗，萬萬千千。你若心無間斷，見佛不難；間斷心生，決不見佛；既不見佛，與佛無緣；既無佛緣，難生淨土；淨土不生，必墮惡道。然則一念間斷之心，便是三途惡道業也。

---

❷❷⑨　參閱《梵網經》，卷 2，《大正藏》，第 24 冊，頁 1007c；唐·釋道世 (?–683)：《法苑珠林》，卷 87，《大正藏》，第 53 冊，頁 921c。

❷❸⓿　參閱宋·王日休：《龍舒增廣淨土文》，卷 4，《大正藏》，第 47 冊，頁 265c。

❷❸①　參閱宋·釋贊寧 (919–1002)：《宋高僧傳》，卷 6，《大正藏》，第 50 冊，頁 738c；宋·石芝宗曉：《樂邦文類》，卷 4，《大正藏》，第 47 冊，頁 210c。

❷❸②　參閱宋·釋贊寧：《宋高僧傳》，卷 25，《大正藏》，第 50 冊，頁 867c；宋·釋戒珠 (985–1077)：《淨土往生傳》，卷 3，《大正藏》，第 51 冊，頁 123c；宋·王日休：《龍舒增廣淨土文》，卷 5，《大正藏》，第 47 冊，頁 267c。

戒之！戒之！如上三策，當自痛鞭。使其念不離佛，佛不離
念，感應道交，現前見佛。既見樂邦之佛，即見十方諸佛；
既見十方諸佛，即見自性天真之佛；既見自性天真之佛，即
得大用現前。然後推其悲願，廣化一切眾生，此名淨土禪，
亦名禪淨土也。然則永明所謂『有禪有淨土，猶如戴角虎，
現世為人師，來生作佛祖』。豈不驗於此哉。勉之！勉之！於
是禪上人者，既喜且驚，矍然久之，如有所失。天如老人乃
復告之曰：『禪與淨土，了即俱了。心外無法，莫錯會好。』
上人乃稽顙再拜曰：『吾多幸矣，今吾知所歸矣。』謝而退。」

【第廿六問‧導讀】

這一問承接上一問，表明「念念相續」誠屬重要，但因
個人定力不足，念頭東跑西走，希望禪師給予指點迷津，提
供對策來醫治這些弊病。提問者的問題實為一般人的通病，
他提出幾點：

一、舊學未忘；

二、邪思亂起；

三、境緣相觸，照顧不牢；

四、情想紛飛，遏捺不住，不覺念頭，東走西走，眨得
　　眼來，千里萬里去了；

五、惹著一毫世事，便是五日十日，半月一月，擺脫不去。

的確，我們平時照管不住自己的念頭，常心猿意馬，意
念馳放不定，莫非因「舊學」、「邪思」、「境緣」、「情想」、「事

擾」等影響而間斷了念佛心。天如惟則禪師說，當這種間斷
出現時，如不加以鞭策，則無法成就「專修無間」之念。他
提出三種痛鞭之策：一是「報恩」；二是「決志」；三是「求
驗」。以下依序闡述。

　　在佛教裡常言上報四重恩❷❸，報佛恩及國王恩故不須論，
在此專就父母恩及師長恩來說明。就父母養育之恩而言，孝
養父母之功德與供養佛相等；就師長作成之恩而言，報答師
長澤被後輩之恩也與供養佛相等。有很多出家眾剛出家時，
心中抱著報答父母重恩而毅然出家；在行腳廣遊四方參訪名
師時，心中亦抱著報答師長教誨恩德而願早日成就道果。因
此，以報恩心來修持必能成就「專修無間」之念，因為回想
自己在出家的歲月裡，父母老病、師長艱困，皆不曾看顧；
如今他們或許在三塗惡道受極重之苦楚，祈望自己來救渡他
們，然而自己卻尚未能「念念相續」，成就淨業。仔細思之，
不能相救與忘恩負義相差無幾。佛經常言「不孝之罪，當墮
地獄」，例如《佛說觀佛三昧海經》說：「世時不孝父母，邪
慢無道。汝今生處，名阿鼻地獄。汝不知恩，無有慚愧，受
此苦惱，為樂不耶！」❷❸❹

　　除了上述父母、師長恩之外，還兼及平時自己「不蠶而

---

❷❸　「四恩」，有幾種說法：1.母恩、父恩、如來恩、說法法師恩。2.
　　父母恩、眾生恩、國王恩、三寶恩。3.師長恩、父母恩、國王恩、
　　施主恩。4.天下恩、國王恩、師尊恩、父母恩。

❷❸❹　《佛說觀佛三昧海經》，卷5，《大正藏》，第15冊，頁669a。

衣」、「不耕而食」、「僧房臥具，受用現成」等，皆由施主、妻、子等供養，如不能勤修淨業，以報信施之恩，所受的微小的一滴水或一寸絲，將來都得做牛做馬來償還❷❸❺。現今自己念念間斷，無法勤修淨業，未來償還必定有分。此亦可視為警策的一種。

　　第二種警策是決志。這裡所謂「決志」含有三層意義，一是決志專修，一門深入；二是決志守戒，永不破戒；三是決志斷貪，遠離名利。

　　古人有云，一經通經經通，一門入普門入。有些人自認生性怯弱，無法在菩提大道上勇往邁進。實則覺得自己做得到或做不到只在一念之間，只要堅持而不懈怠，依古德所言一門深入，必定有成，修行須如鑽子般，集中在一點才有力量鑽下去。天如惟則禪師說有些人不但「參禪」又「學教」，平時既要說些禪話又要講幾句教相，弄到最後還要寫幾個大字，做幾首詩，這些作法都是「志無決定」，因而間斷正念。

　　再者，須嚴守戒命，佛教常言「寧願以洋銅灌口，也不願以破戒之口，受人飲食。寧願以熱鐵纏身，不可以破戒之身，受人衣服」。而且，守戒不嚴便會邪心妄動，因妄動而間斷專修。最後，須立定腳跟，放捨誘惑，放棄追尋外在世界的財富、名位，而追尋內心世界的真正功德財，當處於真正覺悟的一刻，便是上報四重恩，下濟三途苦。成聖成賢，在

---

❷❸❺　《止觀輔行傳弘決》卷 5 云：「食人信施後，為牛馬以償施主。」（《大正藏》，第 46 冊，頁 178a）

遭受誘惑的一瞬間被決定。古人云「貪名貪利，同趨鬼類。逐愛逐憎，同入火坑」。一般人對於名利的誘惑把持不住，當有名利可求時便生起貪愛；當名利屬於他人時便生起憎妒。這種因愛憎而間斷修持，無法專修無間之念。

　　第三種警策是求驗。所謂「求驗」指在現生即有瑞相現前，以徵驗個人的修持成效。中國許多歷代前賢在生前便已蒙佛摩頂，或是稱念佛名時產生瑞相。例如慧遠大師居住廬山三十年，足跡不入俗世，專修淨業，澄寂思慮專心觀想時，曾經三次見到阿彌陀佛，前兩次皆沉默不言。至臨終前夕，東晉安帝義熙十二年 (416) 七月底的夜晚，在般若臺東邊的佛塔，慧遠大師從禪定中出定時看到阿彌陀佛廣大的身相遍滿虛空，才道出阿彌陀佛曾對他說：「我以本願力的緣故，來安慰你，你在七天後將往生我極樂國。」又例如懷感大師曾前往光明寺參加善導大師的念佛道場，但經廿一日精進念佛後，仍未睹靈瑞，因而自悔業障深重，想要絕食斷命。善導大師不允許他如此做，並勸他精進虔誠，一心念佛。三年後感得念佛三昧，見到阿彌陀佛放出的金色光明，後來又見到阿彌陀佛的金色玉毫。又例如少康大師曾於唐德宗貞元初年 (785) 到洛陽白馬寺，看到大殿中的文字放光，仔細一看，原來是善導大師的勸化文。少康大師祝禱說：「假若我與淨土有緣，願這篇文字再次放出光明。」話一說完，光明再次閃爍，少康大師說：「經歷千劫的石頭都可能磨滅，而我發願往生西方的心決不改變。」後來四處遊化，到烏龍山建立淨土道場，每次

升座，高聲念佛，共修的善男信女便見到一尊佛從少康大師
的口中飛出來，念十聲則有十尊佛如同念珠般連貫地從口中
出來。

　　像上述這些靈瑞的例子，在修持淨業的行者當中，不計
其數。天如惟則禪師說只要心不間斷，見佛不難；反之，間
斷一起，決見不到佛。既然見不到佛，便與佛無緣；既與佛
無緣，便難生淨土；不生淨土，便必墮惡道。換言之，一念
間斷之心，便是三塗惡道之業。戒之！戒之！再者，如能以
上述三策，自我鞭策，令自己「念不離佛，佛不離念」，在感
應道交之際，便能當下見佛。只要見到阿彌陀佛，即能夠見
到十方諸佛；能夠見到十方諸佛，即能夠見到自性天真之佛；
能夠見到自性天真之佛，即能夠大用現前，廣度無量無邊的
眾生，這便名之為「淨土禪」，亦叫做「禪淨土」。這跟永明
延壽大師所說的「有禪有淨土，猶如戴角虎，現世為人師，
來生作佛祖。」豈不相互驗證了嗎？修持淨業的行者應當以此
自勉。

　　所有的答問到此告一段落。提問者心中既喜且驚，久久
不能自己，若有所失。

　　天如惟則禪師接著又說：「禪與淨土二者無有分別，如果
能徹悟其中一種，則另外一種也能徹悟。這即是『心外無法』
的道理，切勿理會錯誤。」提問者磕頭再拜說：「我是多麼幸
運啊！現在我已知道修持的方向及修持的目標了。」再次拜謝
而退去。

結　語

西方極樂就在自心深處；自心深處可以
化現極樂世界。……心，周沙界，遍虛
空。不在內，不在外，更不在中間。那
麼，試問行者，心到底在哪裡？是的，
心到底在哪裡？既然一切施設，一切言
說，都是假名而立。何可對心妄作分別！

天如惟則禪師的《淨土或問》從永明延壽大師的〈四料簡〉提出問難，依序闡述許多關於修持的理論及方法。自延壽大師召集天台、華嚴、唯識諸宗學人，編成《宗鏡錄》一百卷，以調和禪、教間的各宗派義理後，又撰《萬善同歸集》弘傳禪淨雙修之旨，影響所及，無遠弗屆。自宋以後，禪淨雙修的修持型態幾乎覆蓋中國的佛教界，尤其對禪宗一脈內部發生重大的改變，他們把日常修持重心轉移到念佛。

〈四料簡〉是否出自永明延壽大師，至今仍有不同的說法，有主張是後人偽託，亦有主張實出自大師。

採偽託說的認為，「四料簡」濫觴於明洪武十四年 (1381) 獨庵道衍 (1335–1418，即姚廣孝)，他於《諸上善人詠》云：「(延壽) 有《宗鏡錄》一百卷行世，有四偈勸禪人兼修淨土。」前後行文含糊，易使人聯繫而視為一事。至清僧濟能於乾隆三十五年 (1770) 撰《角虎集》則直言：「(延壽) 為《宗鏡錄》一百卷，中有〈四料簡〉。」然而，在較早的佛教典籍如《宋高僧傳》本傳、《景德傳燈錄》本傳都沒有〈四料簡〉。宣揚淨土，不遺餘力的四明知禮 (960–1028)、慈雲遵式 (964–1032)、元照 (1048–1116)、楊傑等人，也未在其著作提及〈四料簡〉。這種情況至飛山戒珠於宋英宗治平元年 (1064) 撰淨土《往生傳》時，尚未改變。到宋神宗元豐六年 (1084)，王古撰《新修往生傳》，收入唯一的一位禪宗人物 —— 永明延壽，也未見〈四料簡〉，當時距延壽逝世正好一百一十年。直至南宋慶元六年 (1200)，石芝宗曉 (1151–1214) 編《樂邦文類》，

除增添延壽抓鬮決定修習淨土的故事外，仍無〈四料簡〉；志
磐於南宋咸淳五年 (1269) 撰《佛祖統紀》，也只有抓鬮故事而
無〈四料簡〉。延壽之後三百五十年，元僧天如惟則禪師撰《淨
土或問》，對〈四料簡〉著意闡發，使永明延壽儼然有淨土宗
祖師的架勢。這是最早的關於〈四料簡〉的文字。明洪武十
四年 (1381)，獨庵道衍撰《諸上善人詠》，洪武二十六年 (1393)
大祐編《淨土指歸集》，洪武二十八年 (1395) 妙叶撰《寶王三
昧念佛直指》，都把〈四料簡〉掛在永明延壽的名下，放在極
為突出的地位，並一句一句不厭其煩地解釋說明。從此以後，
率成定論❶。

　　另外，主張出自永明延壽大師的如范古農居士 (1881–
1952) 認為：「此文未能找出偽造人證，則終難斷案也。夫此
禪淨〈四料簡〉之為出於永明，元代中峰禪師 (1263–1323) 早
已認定，且亦曾為當時學禪人解惑，《廣錄》具在。」❷揚州
高旻寺的來果禪師 (1881–1953) 亦認為此偈實由切信念佛而
產生，而不明內中道理之人，則「信之功小，謗之過大」，「能
謗者，因信自法，而謗他法」，「可憐今時人者，任是將錯法
辯正，望其力而行之。」❸印光大師亦說：「今當末世，根劣

---

❶　參閱顧偉康：〈永明延壽的「禪淨四料簡」〉，載《禪學研究》，第 4
　　期，頁 153–162；孔維勤：《永明延壽宗教論》（臺北：新文豐出版
　　公司，1983 年），頁 214。

❷　參閱單培根：〈范古農居士年譜（續）〉，載《內明》，第 234 期，頁
　　38。

障重，知識希少，若捨淨土，無由解脫。永明禪師恐世不知，
故特舉料簡，以示來茲。」❹「若論自力、他力，禪、淨難易，
講得最清楚、最明白，莫如永明延壽大師的〈四料簡〉。」❺
「永明大師住持淨慈，圓修萬善，偏讚淨土。恐學者不知自
力、佛力之所以然，作〈四料簡〉以為指南。俾上中下根，
若凡若聖皆有遵循。」❻不但肯定此偈出自永明延壽大師，而
且作了詳細的闡述❼，此偈自宋代以來，可說在印光大師的
手中被推揚至最高點。

平心而論，〈四料簡〉的文字記載雖始於天如惟則禪師的
《淨土或問》，然而《淨土或問》未將〈四料簡〉全部寫出（見
第一問），足見〈四料簡〉已在當時廣為流傳，為大家熟知。
因此，我們不能說這是出自天如惟則禪師的「偽作」。再者，
〈四料簡〉的思想雖有拔高淨土，抑制禪宗之嫌，但是跟永
明延壽大師推崇淨土思想不無關係。這也廣泛影響了後來禪
門之士兼修淨土，形成禪淨雙修或是所謂的「念佛禪」的修

---

❸ 釋來果：《來果禪師語錄》（香港：香港佛經流通處，1984 年），頁
　18-19。

❹ 釋印光著、釋廣定編：《印光大師全集》，第三冊（下），〈淨土法門
　說要〉，頁 78-79。

❺ 同上，第三冊（下），〈居士林開示法語〉，頁 62。

❻ 同上，第一冊，〈杭州彌陀寺啟建蓮社緣起疏〉，頁 412。

❼ 參閱同上註，第一冊，〈淨土決疑論〉，頁 366-367；第三冊（下），
　〈居士林開示法語〉，頁 62-65；第四冊，〈上海護國息災法會法語〉，
　頁 2118-2128。

持型態。後來的死心悟新、真歇清了、天衣義懷、中峰明本、長蘆宗賾等重要禪師，也都兼修淨土。

　　在《淨土或問》裡特別引用真歇清了的話：「洞下一宗，皆務密修，其故何哉？良以念佛法門，徑路修行，正按大藏，接上上根器，傍引中下之機。」又云：「宗門大匠，已悟不空不有之法，秉志孜孜於淨業者，得非淨業之見佛，尤簡易於宗門乎！」又云：「乃佛乃祖，在教在禪，皆修淨業，同歸一源。入得此門，無量法門，悉皆能入。」表明曹洞宗的禪僧大都密修念佛法門，因為此法門直截了當，乃依經藏，教示修持之法，普被三根之機。因此許多宗門大匠在悟得甚深微妙法之後，皆孜孜於淨業的修持。尤有甚者，佛陀與歷代祖師，無論主張教理或宗義，都修淨業，因為只要入得此門，便能入無量法門。這樣的說詞出自一位禪宗大德，足見當時禪淨雙修的風氣極盛，且有淨高於禪的趨勢。

　　臨濟宗的死心悟新禪師說：「彌陀甚易念，淨土甚易生。」又云：「參禪人最好念佛，根機或鈍，恐今生未能大悟，且假彌陀願力，接引往生。」又云：「汝若念佛不生淨土，老僧當墮拔舌地獄。」能為修淨土法門者擔保，念佛若不生淨土，他願意墮拔舌地獄，表示其言不誣。這種自信的言說，若非已有親證，豈可能出自於高僧之口。可見淨土法門絕不是引導愚夫愚婦的「方便說」或是「別時意說」。死心悟新禪師又曾說：「清珠下於濁水，濁水不得不清。念佛投於亂心，亂心不得不佛。佛既不亂，濁水自清。濁水既清，功歸何所？」❽強

調念佛可以醫治亂心，視念佛為禪定之方。這跟永明延壽大師引用飛錫大師《念佛三昧寶王論》所言：「浴大海者，已用於百川。念佛名者，必成於三昧。一言以蔽，其在茲焉。亦猶清珠下於濁水，濁水不得不清；佛想投於亂心，亂心不得不佛。既契之後，心佛雙亡。雙亡，定也；雙照，慧也。即定慧齊均，亦何心而不佛，何佛而不心。心佛既然，則萬境萬緣，無非三昧者也。」❾強調念佛定心，念佛必成就三昧。吾人須知，念佛即念心，念佛要用心念，用心念心，無有二心，即是一心。念佛不可用腦念，須用心念。腦念，只是起分別；心念，乃直觀趨入真如佛性。起先雖會感到用不上力，但只要專心在每一句佛號上，久而久之，即懂得用心，既而能專心。專心在每一句佛號上即是用心，將佛號念出來即是念心。用心念心，無時間差，只此一心。一心持佛名號，即為淨心念佛。蓮宗十一祖實賢省庵大師在〈示居士偈〉云：「念佛無難事，所難在一心；一心亦無難，難在斷愛根。」然而念佛之法又以稱名為主，例如《淨土或問》裡引用真歇清了的話：「一心不亂，兼合理事。若事一心，人皆可以行之。由持名號，心不亂故。」指出事一心由持佛名號，便可證得。

---

❽　《續古尊宿語要》，卷1，《續藏經》，第1輯第2編第23套第5冊，頁430。

❾　唐‧釋飛錫：《念佛三昧寶王論》，卷1，《大正藏》，第47冊，頁134a–b。宋‧永明延壽引用之文見《萬善同歸集》，卷1，《大正藏》，第48冊，頁962b。

天如惟則禪師自己亦說：

> 念佛者或專緣三十二相，繫心得定。開目閉目，常得見佛。
> 或但專稱名號，執持不散。亦於現身，而得見佛。此間現
> 見，多是稱佛名號為上。……口中聲聲喚阿彌陀佛，以心
> 緣歷，字字分明。稱佛名時，無管多少，並須一心一意，
> 心心相續。如此方得一念滅八十億劫生死之罪。若不然者，
> 滅罪良難。十念者，每日清晨，面西正立合掌，連聲稱阿
> 彌陀佛，盡一氣為一念。如是十氣，名為十念。但隨氣長
> 短，不限佛數多少，唯長唯久，氣極為度。其佛聲不高不
> 低，不緩不急，調停得中。如是十氣，連屬不斷，意在令
> 心不散，專精為功。故名此為十念者，顯是藉氣束心也。
> 盡此一生，不得一日暫廢。（第廿三問）

指出在目前邪魔充斥，眾生定心不足的末法時代，以稱佛名
號為最佳手段。文中還教導於口中聲聲呼喚阿彌陀佛時，須
以此心緣歷聲相，字字分明，了然於心；此外，無論稱佛名
號多少聲，皆須一心一意，心心相續，方能滅除無始劫來的
生死重罪。天如惟則禪師還以慈雲懺主的「十念法門」，為稱
名念佛作出說明，直勸眾生修行簡易之稱名念佛法。

　　據聞天如惟則禪師勸他的母親以稱名念佛來修持，毛凌
雲居士《念佛法要》云：「（天如惟則）大師之母，年將七十，
恐出聲損氣，故函其弟行遠，勸以繫念法門。若能出聲念，
仍以稱名較易，相續即生，故《淨土或問》仍歸結於專持名

號也。」此說對《淨土或問》的主張，應是正確的判斷。再者，
天如惟則禪師臨命終時，有人問他滅後去哪，他答道：「西方
去。」又問：「難道東方沒有佛？」他擲枕而寂。在在表明禪師
的禪淨雙修本色，歸結於求生西方極樂淨土。

印光大師說：「淨土書多，最要唯《十要》。《十要》中，
斷疑生信，尤推《或問》、《直指》、《合論》，為破堅衝銳之元
勳也。」❿這裡的《十要》指的是蕅益大師選定的《淨土十要》，
《或問》指的是天如惟則禪師的《淨土或問》，《直指》指的
是妙叶的《寶王三昧念佛直指》，《合論》指的是袁宏道的《西
方合論》。可見《淨土或問》在印光大師心中具有無比的重要
性，尤其對修持淨業的人而言，他肯定是書足以斷疑生信。
太虛大師亦說：「天如惟則禪師係明初禪哲，其被選入《淨土
十要》之《淨土或問》中有答云：『良由淨土教門至廣大，修
法至簡易，故聞者不能不疑。廣大謂一切根機，收攝都盡，
上至等覺，中一生補處亦生淨土，下至愚夫愚婦五逆十惡無
知之徒，臨終但能念佛悔過，歸心淨土者，悉獲往生也。簡
易謂初無艱難勞苦之行，又無違誤差別之緣，但持阿彌陀佛
四字名號，由此得離娑婆往生極樂，得不退轉，直至成佛。』
此雖只寥寥數語，然對淨土法門之要義，幾概括無遺矣。」⓫

---

❿　釋印光著、釋廣定編：《印光大師全集》，第一冊，〈與大興善寺體
　　安和尚書〉，頁 26。

⓫　《太虛大師全書》，《佛法總學》，第四章，〈禪台賢流歸淨土行〉，
　　頁 124。

對《淨土或問》闡述淨土思想精要，稱讚不已，給予極高的評價及肯定。

　　《淨土或問》對當時禪淨隆替，或互為依傍的關係，作出剖析，提出建言。是書以永明延壽〈四料簡〉「深有功於宗教」之說，導出一連串的議論，蕅益大師說：「永明諸老，料揀禪淨，如道自家屋裡事，由其徹悟自宗故耳。末世禪道大壞，食唾者多。於是淨土一宗，異見茁長，由唐至宋，荊棘叢生。天如為中峰最勝子，故能繼永明諸老，力扶淨土之衰。今觀《或問》一書，較諸天台、紫閣，其間邪幟遍樹，見網交羅。作者推陷廓清，其劬勞亦未免倍甚。蓋禪淨俱衰使然，讀者亦可以觀時變矣。然諸老匡扶淨土，實救本宗。《或問》開章，謂『永明深有功於宗教』此等語，偷心未盡者，未肯遽以為然。」⓬《淨土或問》除了直接提供宗教內緣的研究要項，亦間接提供宗教外緣的研究要項，換言之，「深有功於宗教」的〈四料簡〉，意涵著「自我修持的實踐性」、「內涵論證的理論性」及「宗派興衰的實際性」，將所謂的「宗教意義」詮表而出。

　　當然，就佛教的教義而言，修持是無法抄襲的，唯有內自證才能感受到「法」的現量，否則只是停留在「法」的比量上。學術與信仰之間的抉擇，一直是具有信仰的學術研究者的困蹇之處。雖然解行本不可偏廢，但重視義學者輕修持者為「盲修瞎鍊」；重修持者又譏義學研究者為「分別名相不

⓬　釋蕅益選定、釋印光編訂：《淨土十要》，《淨土或問·序》，頁195。

知休，入海算沙徒自困」，各有偏重倚輕，難以調停得當。昭
慧法師曾云：「宗教本是一種追求生命圓滿進化的學問，為了
『如其所如』，我們從事宗教學術研究，不妨提醒自己『為生
命而學術』，讓信仰透過學術的檢驗而生根，這樣我們對宗教
的認知可能更親切而透澈。」⑬職是，今日我們研讀《淨土或
問》，所得到的覺受可能僅是比量而已，因此繼之而起的修持
才是要點，「為生命而學術」的信仰真諦才能真正落實。

　　對於「取捨」的問題，我願意再引印光大師的說法作為
強調：「取捨者，此約究竟實義為難（難者，反詰問也）。不
知究竟無取無捨乃成佛已後事，若未成佛，其間斷惑證真，
皆屬取捨邊事。既許斷惑證真之取捨，何不許捨東取西，離
垢取淨之取捨？若參禪一法則取捨皆非；念佛一法則取捨皆
是。……彼不究法門之所以然，而妄以參禪之法破念佛，則
是誤用其意。彼無取捨原是醍醐，而欲念佛者亦不取捨，則
便成毒藥矣。夏葛而冬裘，渴飲而飢食，不可相非，亦不可
固執。唯取其適宜，則有利無弊矣。」⑭追求至極點及捨離至
極點，其道理跟不取不捨沒有什麼不同。尤有甚者，「欣求極
樂，厭離娑婆」的教化，是釋迦牟尼佛與阿彌陀佛所共立的，
所謂「此指其往，彼受其來」，令眾生一方面厭離娑婆，一方

---

⑬　釋昭慧：〈淺談佛教之學術與修行〉，載《獅子吼》，第 29 卷第 4 期，
　　1990 年 4 月，頁 36–38，尤其頁 37。

⑭　釋印光著、釋廣定編：《印光大師全集》，第一冊，〈復馬契西居士
　　書二〉，頁 281。

面欣求極樂，盡展釋迦本懷，彌陀本願，普渡迷情。進一層推論，「不取不捨」是成佛後的事。它，可視為一個勇往邁進的目標，也可視為一個立弘誓願的菩提心行，欲達此目標須歷無央劫。禪者所言，可視為鼓勵的話，不須執著於此，強作分辨，否則醍醐將成為毒藥。佛法的一切施設、一切言說，都是假名而立，因此不可亦不須妄作分別。所謂「法無高下，應機者妙。」「藥無貴賤，對症者良。」佛心如雨，三草二木，同得滋潤，無有差別。對於念佛，無論是觀想念、觀像念、實相念或持名念，「事一心」跟「理一心」是可融貫的。「事念」要念到西方極樂世界去；「理念」要念到自心深處。西方極樂就在自心深處；自心深處可以化現極樂世界。從此過十萬億佛土的西方極樂世界雖遠，但總不出一心。心，周沙界，遍虛空。不在內，不在外，更不在中間。那麼，試問行者，心到底在哪裡？是的，心到底在哪裡？既然一切施設，一切言說，都是假名而立。何可對心妄作分別！

徵引及主要參考書目

編排方式附識：

㈠先列著、譯者，次列書名，後列出版地、出版社、出版日期，期
　刊論文另加標頁碼。

㈡原書出版日期如以「民國」、「昭和」等計年，皆改以西元。

㈢本文曾經徵引者，在作者前加"※"標出。

壹、叢書及工具書 （以作者姓氏筆劃排列）

中野達慧編：《卍續藏經》，香港：香港影印續藏經委員會，1967–1968
　年。

方詩銘編：《中國歷史紀年表》，上海：上海辭書出版社，1991年。

姜亮夫編：《歷代名人年里碑傳總表》，臺北：臺灣商務印書館，1975
　年。

高楠順次郎、渡邊海旭編：《大正新修大藏經》，東京：大正一切經
　刊行會，1924–1935年。

望月信亨、塚本善隆等編：《望月佛教大辭典》，東京：世界聖典刊
　行協會，1973年。

梁廷燦編：《歷代名人生卒年表》，臺北：臺灣商務印書館，1979年。

淨土宗大辭典編纂委員會編集：《淨土宗大辭典》，京都：山喜房仏

書林，1987 年。

智諭主編：《淨土藏彙粹》，臺北：西蓮淨苑，1991 年。

慈怡主編：《佛光大辭典》，高雄：佛光出版社，1988 年。

藍吉富主編：《中國佛教百科全書》，臺南：中華佛教百科文獻基金
會，1994 年。

貳、原始資料（依作者、譯者姓氏筆劃排列）

※大慧宗杲：《大慧普覺禪師語錄》，《大正藏》，第 47 冊。

※支婁迦讖譯：《般舟三昧經》，《大正藏》，第 13 冊。

※文諗、少康合編：《往生西方淨土瑞應傳》，《大正藏》，第 51 冊。

※王日休：《龍舒增廣淨土文》，《大正藏》，第 47 冊。

※王日休校輯：《佛說大阿彌經》，《大正藏》，第 12 冊。

※世親著、菩提流支譯：《無量壽經優婆提舍願生偈》，《大正藏》，第
26 冊。

※世親釋、真諦譯：《攝大乘論釋》，《大正藏》，第 31 冊。

※四明知禮：《觀無量壽佛經疏妙宗鈔》，《大正藏》，第 37 冊。

※四明遵式：《往生淨土決疑行願二門》，《大正藏》，第 47 冊。

※永中、如香：《緇門警訓》，《大正藏》，第 48 冊。

※永明延壽：《萬善同歸集》，《大正藏》，第 48 冊。

※玄奘譯：《阿毘達磨大毘婆沙論》，《大正藏》，第 27 冊。

※白居易：〈念佛偈〉（又名〈白樂天淨土頌〉），《蓮華世界詩》，收入
蕅益選定、印光編訂：《淨土十要·附本》。

※石芝宗曉：《樂邦文類》，《大正藏》，第 47 冊。

※石芝宗曉：《樂邦遺稿》，《大正藏》，第 47 冊。

※石芝宗曉編：《四明尊者教行錄》，《大正藏》，第 46 冊。

※吉迦夜譯：《佛說稱揚諸佛功德經》，《大正藏》，第 14 冊。

※圭峰宗密：《大方廣圓覺修多羅了義經略疏》，《大正藏》，第 39 冊。

※圭峰宗密：《註華嚴法界觀門》，《大正藏》，第 45 冊。

※死心悟新：〈死心和尚淨土文〉，收入《西方公據》，香港：香港佛
　　經流通處，1994 年。

※佛陀跋陀羅譯：《佛說觀佛三昧海經》，《大正藏》，第 15 冊。

※佛馱跋陀羅譯：《大方廣佛華嚴經（六十卷）》，《大正藏》，第 9 冊。

※志磐：《佛祖統紀》，《大正藏》，第 49 冊。

※戒珠：《淨土往生傳》，《大正藏》，第 51 冊。

※求那跋陀羅譯：《大乘入楞伽經》，《大正藏》，第 16 冊。

※畺良耶舍譯：《佛說觀無量壽佛經》，《大正藏》，第 12 冊。

※孤山智圓：《阿彌陀經疏》，《大正藏》，第 37 冊。

※東陽德輝編：《敕修百丈清規》，《大正藏》，第 48 冊。

※法海集錄：《六祖大師法寶壇經》，《大正藏》，第 48 冊。

※長蘆宗賾：〈蓮華勝會錄文〉，收入蕅益選定、印光編訂：《淨土十
　　要》第四要附錄。

※幽溪傳燈：《淨土法語》，收入蕅益選定、印光編訂：《淨土十要》
　　第九要附錄。

※省庵：《勸發菩提心文》，收入蕅益選定、印光編訂：《淨土十要》
　　第九要附錄。

※迦才:《淨土論》,《大正藏》, 第 47 冊。

※飛錫:《念佛三昧寶王論》,《大正藏》, 第 47 冊。

※真歇清了:《真歇清了禪師語錄》,《卍續藏經》, 第 124 冊。

※般剌蜜帝譯:《大佛頂如來密因修證了義諸菩薩萬行首楞嚴經》,《大正藏》, 第 19 冊。

※般若三藏譯:《四十華嚴 (貞元經)》,《大正藏》, 第 10 冊。

※荊溪湛然:《摩訶止觀輔行傳弘決》,《大正藏》, 第 46 冊。

※袁宏道:《西方合論》,《大正藏》, 第 47 冊。

※馬鳴造、真諦譯:《大乘起信論》,《大正藏》, 第 32 冊。

※康僧鎧譯:《佛說無量壽經》,《大正藏》, 第 12 冊。

※智顗:《淨土十疑論》,《大正藏》, 第 47 冊。

※智顗:《觀無量壽佛經疏》,《大正藏》, 第 37 冊。

※湛然:《法華文句記》,《大正藏》, 第 34 冊。

※湛然:《法華玄義釋籤》,《大正藏》, 第 33 冊。

※善導:《往生禮讚偈》,《大正藏》, 第 47 冊。

※善導:《觀無量壽佛經疏》,《大正藏》, 第 37 冊。

※菩提流支等譯:《大寶積經無量壽如來會》,《大正藏》, 第 11 冊。

※黃檗斷際:《宛陵錄》,《大正藏》, 第 48 冊。

※圓悟克勤:《圓悟佛果禪師語錄》,《大正藏》, 第 47 冊。

※圓極居頂:《續傳燈錄》,《大正藏》, 第 51 冊。

※楊傑:〈淨土十疑論·序〉,《大正藏》, 第 47 冊。

※道世:《法苑珠林》,《大正藏》, 第 53 冊。

※道鏡、善道:《念佛鏡》,《大正藏》, 第 47 冊。

※達摩：《少室六門·血脈論》，《大正藏》，第 48 冊。

※鳩摩羅什譯：《大智度論》，《大正藏》，第 25 冊。

※鳩摩羅什譯：《佛說仁王般若波羅蜜經》，《大正藏》，第 8 冊。

※鳩摩羅什譯：《佛說阿彌陀經》，《大正藏》，第 12 冊。

※鳩摩羅什譯：《妙法蓮華經》，《大正藏》，第 9 冊。

※鳩摩羅什譯：《金剛般若波羅蜜經》，《大正藏》，第 8 冊。

※鳩摩羅什譯：《梵網經》，《大正藏》，第 24 冊。

※鳩摩羅什譯：《維摩詰所說經》，《大正藏》，第 14 冊。

※僧伽提婆譯：《增壹阿含經》，《大正藏》，第 2 冊。

※實叉難陀譯：《大方廣佛華嚴經（八十卷）》，《大正藏》，第 10 冊。

※徹悟：《徹悟禪師語錄》，收入蕅益選定、印光編訂：《淨土十要》
　　第十要附錄。

※慧遠：《大般涅槃經義記》，《大正藏》，第 37 冊。

※澄觀：《大方廣佛華嚴經隨疏演義鈔》，《大正藏》，第 36 冊。

※澄觀：《華嚴經普賢行願品疏》，《卍續藏經》，第 7 冊。

※蓮池：《往生集》，《大正藏》，第 51 冊。

※蓮池疏鈔、古德演義：《阿彌陀經疏鈔演義》，高雄：高雄淨宗學會，
　　1994 年。

※賢首法藏：《華嚴一乘教義分齊章》（又名《華嚴五教章》），《大正
　　藏》，第 45 冊。

※賢首法藏：《華嚴經探玄記》，《大正藏》，第 35 冊。

※曇無竭譯：《觀世音菩薩授記經》，《大正藏》，第 12 冊。

※曇無讖譯：《大般涅槃經》，《大正藏》，第 12 冊。

※曇摩密多譯：《觀普賢菩薩行法經》，《大正藏》，第 9 冊。

※曇鸞：《無量壽經優婆提舍願生偈註》，《大正藏》，第 40 冊。

※窺基：《阿彌陀經疏》，《大正藏》，第 37 冊。

※錢謙益：《有學集》，臺北：臺灣商務印書館，四部叢刊正編，第 79
　　冊，1979 年。

※蕅益：《阿彌陀經要解》，《大正藏》，第 37 冊。

※蕅益選定、印光編訂：《淨土十要》，高雄：淨宗學會，1995 年。

※優曇普度：《廬山蓮宗寶鑑》，《大正藏》，第 47 冊。

※懷感：《釋淨土群疑論》，《大正藏》，第 47 冊。

※贊寧：《宋高僧傳》，《大正藏》，第 50 冊。

※譯者不詳：《那先比丘經》，《大正藏》，第 32 冊。

※靈芝元照：《觀無量壽佛經義疏》，《大正藏》，第 37 冊。

※妙叶：《寶王三昧念佛直指》，《大正藏》，第 47 冊。

參、近人中、日文論著（以作者姓氏筆劃排列）

　大須賀秀道：〈他力の意義〉，載《佛教研究》第 6 卷第 2 號，1925
　　年 4 月，頁 175–190。

　小笠原宣秀：《中国近世淨土教史の研究》，東京：百華苑，1963 年。

※太虛：《太虛大師全集》，臺北：善導寺佛經流通處，1959 年。

※孔維勤：《永明延壽宗教論》，臺北：新文豐出版公司，1983 年。

　木村泰賢著、李根源譯：〈本願思想之開展與其道德的文化的宗教
　　的意義〉，載張曼濤主編：《淨土思想論集（一）》，《現代佛教學

術叢刊 66》，臺北：大乘文化出版社，1978 年，頁 337–386。

石田充之：〈淨土教の實踐論〉，載《佛教學研究》第 12、13 卷合刊，1957 年 6 月，頁 116–131。

※印光著、廣定編：《印光大師全集》，臺北：佛教書局，1991 年。

※印順：《淨土與禪》，臺北：正聞出版社，1992 年 2 月修訂一版。

佐藤成順：〈道綽禪師の淨土教へ帰入〉，載氏著：《中國仏教思想史の研究》，東京：山喜房仏書林，1986 年，頁 289–306。

佐藤成順：〈曇鸞の生死観〉，載氏著：《中國仏教思想史の研究》，東京：山喜房仏書林，1986 年，頁 255–268。

※李世傑：《華嚴哲學要義》，臺北：佛教出版社，1978 年。

來果：《來果禪師語錄》，香港：香港佛經流通處，1984 年。

果嚴：〈論佛法與禪淨〉，載張曼濤主編：《佛教各宗比較研究》，《現代佛教學術叢刊 70》，臺北：大乘文化出版社，1979 年，頁 341–388。

牧田諦亮：〈善導大師と中國淨土教〉，載氏著：《中國仏教史研究（一）》，東京：大東出版社，1984 年，頁 319–371。

彥和：〈阿彌陀佛本願彙類〉，載《菩提樹》第 470/471 期合刊，1992 年 2 月，頁 43–57。

※昭慧：〈淺談佛教之學術與修行〉，載《獅子吼》第 29 卷第 4 期，1990 年 4 月，頁 36–38。

※星雲：《迷悟之間》，臺北：香海文化公司，2002 年。

香川孝雄：〈無量壽経類における淨土観の展開〉，載《印度學佛教學研究》第 24 卷第 1 號，1976 年 12 月，頁 47–51。

香川孝雄：〈稱名思想の形成〉，載《印度學佛教學研究》第 11 卷
　　第 1 號，1964 年 1 月，頁 38-49。

香川孝雄：《淨土教の成立史的研究》，東京：山喜房仏書林，1993
　　年。

柴田泰：〈中國淨土教と心の問題——『観經』「是心作仏，是心是
　　仏」理解〉，載仏教思想研究會主編：《仏教思想 (9) ——心》，京
　　都：平樂寺書店，1984 年，頁 403-438。

※泰僧佛使比丘：《現代佛教的省思——如何修行·如何護法》，桃園：
　　臺灣佛法中心，1986 年。

望月信亨著、釋印海譯：《中國淨土教理史》，臺北：正聞出版社，
　　1991 年。

望月信亨著、釋印海譯：《淨土教概論》，收入藍吉富主編：《世界
　　佛學名著譯叢 52》，臺北：華宇出版社，1988 年。

陳揚炯：《中國淨土宗通史》，南京：江蘇古籍出版社，2000 年。

陳劍鍠：〈印光的念佛法〉，載《國立編譯館館刊》第 29 卷第 2 期，
　　2000 年 12 月，頁 167-190。

陳劍鍠：〈近代確立蓮宗十三位祖師的過程及其釋疑〉，載《論衡》
　　第 5 卷第 2 期，2003 年 6 月，頁 102-112。

※陳劍鍠：《圓通證道——印光的淨土啟化》，臺北：東大圖書公司，
　　2002 年。

※單培根：〈范古農居士年譜（續）〉，載《內明》第 234 期，1991 年
　　9 月，頁 35-41

黃啟江：〈北宋時期兩浙的彌陀信仰〉，載氏著：《北宋佛教史稿》，

臺北：臺灣商務印書館，1997 年，頁 417-466。

楊白衣：〈清代之念佛禪〉，載《佛光學報》第 6 期，1981 年，頁 169-186。

楊白衣：〈淨土的淵源及其演變〉，載《華岡佛學學報》第 8 期，1985 年，頁 77-133。

楊白衣：〈淨土探源〉，載張曼濤主編：《淨土思想論集（一）》，《現代佛教學術叢刊 66》，臺北：大乘文化出版社，1978 年，頁 1-36。

廖明活：〈吉藏的淨土思想〉，載《中國文哲研究集刊》第 11 期，1997 年 9 月，頁 189-218。

廖明活：〈淨影寺慧遠的淨土思想〉，載《中華佛學學報》第 8 期，1995 年 7 月，頁 345-371。

廖明活：《懷感的淨土思想》，臺北：臺灣商務印書館，2003 年。

劉長東：《晉唐彌陀淨土信仰研究》，成都：巴蜀書社，2000 年。

※鄭韋庵：《念佛四十八法》，香港：香港佛經流通處，1998 年。

藤田宏達、石田瑞麿著，許洋主譯：〈淨土思想的發展〉，載玉城康四郎主編：《佛教思想（二）——在中國的開展》，臺北：幼獅文化公司，1995 年，頁 1-60。

※顧偉康：〈永明延壽的「禪淨四料簡」〉，載《禪學研究》第 4 期，頁 153-162。

宗教文庫

堅定的信仰，高尚的道德品格

禪與精神醫學　平井富雄／著　許洋主／譯

　　身心和諧是現代人所極需要、但又難以獲致的境地；然而，一種簡易的坐禪卻產生了莫大的功效，讓人心地開明、廓然瑩徹。本書從心理科學的理論來檢視坐禪的奧妙，並從具體的醫療實例及腦波變化來驗證理論，不僅為精神醫學的領域開拓了新風貌，更為坐禪提供了精神科學的基礎。

覺與空：印度佛教的展開　竹村牧男／著　蔡伯郎／譯

　　「覺」與「空」，無疑是一切學佛的實踐者與研究者最關注的兩個課題，然而這兩個課題的內容並不容易說清楚，此書正是以這兩個課題為主軸，透過作者精闢扼要的論述，來討論從釋尊以來佛教的發展與流轉，此書可說是一部生動簡明的佛教史。

白馬湖畔話弘一　陳星／著

　　碧水瀲灩的白馬湖有著桃花源般的寧靜，它以超凡的秉性成為千丈紅塵中的清涼世界；而弘一大師就像引起湖面漣漪的一股清流，他與白馬湖作家群交錯成一幕魅力無窮的人文風景。本書娓娓道出弘一大師在白馬湖居留期間的事跡，讓您沈浸在大師的文心、藝術與佛緣裡。

茅山道教上清宗　鍾國發／著

　　不了解上清宗，就不能真正了解茅山道教；不了解茅山道教，就不能真正了解中國道教；而不了解中國道教，就不能真正了解中國文化和中國人。本書深入淺出地描述以神仙理想和道教活動為主線的歷代茅山文化風貌及其演進，以及仙山形勝、宮觀格局、隱居心態、存想體驗、動天福地、山中宰相、丹鼎爐火、符籙印劍、宗師統系、教門盛衰等諸多趣聞，並對道教史上的一些疑難問題提出個人見解，可謂雅俗共賞。

國家圖書館出版品預行編目資料

淨土或問・導讀／陳劍鍠著.－－初版一刷.－－
臺北市：東大，2004
面；　公分－－(宗教文庫)

ISBN 957-19-2764-3　(平裝)

1.淨土宗

226.5　　　　　　　　　　　　　　　93002063

網路書店位址　http://www.sanmin.com.tw

© 淨土或問・導讀

著作人	陳劍鍠
發行人	劉仲文
著作財產權人	東大圖書股份有限公司 臺北市復興北路386號
發行所	東大圖書股份有限公司 地址／臺北市復興北路386號 電話／(02)25006600 郵撥／0107175-0
印刷所	東大圖書股份有限公司
門市部	復北店／臺北市復興北路386號 重南店／臺北市重慶南路一段61號

初版一刷　2004年3月
編　號　E 220880
基本定價　參元貳角
行政院新聞局登記證局版臺業字第○一九七號